Liebe Leserinnen, liebe Leser!

Die Metropole an Elbe und Alster verändert sich rasant. Nirgendwo sonst in Europa entsteht so zentrumsnah ein riesiges Stadtviertel komplett neu: Schon heute pulsiert das Leben im Westen der HafenCity, rund um Sandtorkai und Dahlmannkai. Wohnen, arbeiten, relaxen und ausgehen – das scheint hier perfekt zu funktionieren.

*Für den Fotografen **Frank Siemers** war es eine ganz eigene Erfahrung, Hamburg, wo er seit 20 Jahren lebt, neu kennenzulernen. Und er hätte nie gedacht, dass er seine Touren durch die Stadt überwiegend mit dem Fahrrad machen konnte.*

Facelifting am Fluss
Bis 2025 soll auch der östliche Bereich der Hafen-City fertig gestellt werden. Doch damit nicht genug. Zweites Großprojekt der Stadterneuerung ist Wilhelmsburg. Und stark im Wandel begriffen ist auch Harburg. Hamburg entdeckt seine Stadtteile jenseits der Elbe neu. Dem haben wir Rechnung getragen und den Städtebauprojekten im Süden der Hansestadt ein eigenes Kapitel gewidmet. Zwei Großereignisse haben das „Facelifting am Fluss" vorangetrieben. Im Stadtteil Wilhelmsburg, einer Elbinsel, war Hamburg 2013 nicht nur Gastgeber der Internationalen Bauausstellung, sondern auch der Internationalen Gartenschau.

*Zwei Jahrzehnte lang hat **Hilke Maunder** aus Frankreich und Australien berichtet – jetzt hat sich die Hamburgerin erstmals ihre Heimatstadt vorgenommen, von der sie seit ihrer Kindheit überzeugt ist: Nirgends ist es so schön wie an Alster und Elbe.*

Viel Lebensqualität an Alster und Elbe
Beide Ereignisse haben noch mehr Besucher in die Hansestadt gelockt. 6,1 Millionen Gäste sind derzeit pro Jahr zu verzeichnen. Und die Besucherzahlen steigen weiter. In den ersten neun Monaten des Jahres 2015 kamen rund 5% mehr Gäste als im Vorjahreszeitraum. Nach Berlin und München ist Hamburg das beliebteste Städtereiseziel in Deutschland. Die meisten Besucher planen für ihren Hamburgtrip lediglich zwei Tage ein, das ist schade, denn die Zeit reicht kaum, um auch nur die wichtigsten Sehenswürdigkeiten und Museen zu besichtigen, um das tolle Kulturangebot wahrnehmen zu können, um in den Passagen zu shoppen oder um den Tag an Alster und Elbe entspannt ausklingen zu lassen. Herzlich

Birgit Borowski
Programmleiterin DuMont Bildatlas

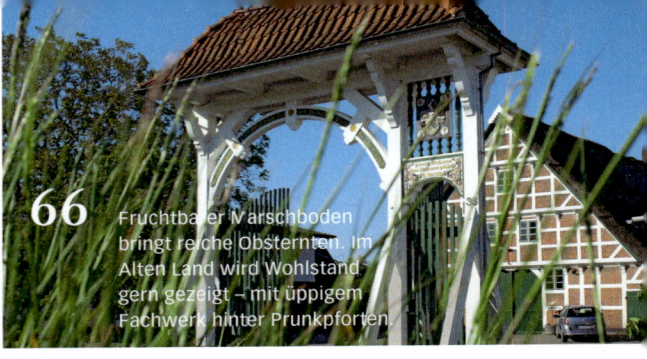

Topziele

Die bedeutendsten Sehenswürdigkeiten und Erlebnisse, die keinesfalls versäumt werden sollten, haben wir auf dieser Seite zusammengestellt. Auf den Infoseiten sind sie jeweils als TOPZIEL *gekennzeichnet.*

KULTUR

1 Für wirtschaftlichen Erfolg: Das städtebaulich einmalige Ensemble des Kontorhausviertels mit dem überragenden Chilehaus ist zu Recht UNESCO-Welterbestätte. **Seite 40**

2 Wahrzeichen seit jeher: Die barocke Kirche St. Michaelis, der „Michel", ist unübersehbare Landmarke im Hamburger Häusermeer. **Seite 41**

3 Natürlich in Backstein: Die Speicherstadt spiegelt den wirtschaftlichen Höhenflug Ende des 19. Jahrhunderts – was der UNESCO einen Welterbetitel wert war. **Seite 56**

4 Adelssitz vor den Toren: In Hamburg selbst durfte es nur Bürgerbauten geben. Deshalb ist das wunderschöne Ahrensburger Schloss zwar ganz nah, aber eben außerhalb. **Seite 89**

5 Eine wirkliche Kunstmeile: Kunsthalle und Galerie der Gegenwart sind der Auftakt zu Kunstgenuss. **Seite 118**

6 Hamburg im Überblick: Unter dem Dach des Hamburg Museums ist die Vergangenheit der Hansestadt fein säuberlich zusammengetragen. **Seite 118**

NATUR

7 Die Welt als Park: Hamburg ist sehr grün, und nur wenige Metropolen haben so viele Parks. Reizvollster ist Hagenbecks Tierpark. **Seite 88**

ERLEBEN

8 Hamburgs Tor zum Hafen: Die St. Pauli Landungsbrücken sind das Sprungbrett zum Hafen. Hier beginnen die Hafenrundfahrten, hier wird der Hafengeburtstag gefeiert. **Seite 55**

9 Daran geht kein Weg vorbei: Der legendäre Fischmarkt ist ein Muss für Frühaufsteher, Nachtschwärmer und alle anderen Hamburg-Besucher. **Seite 55**

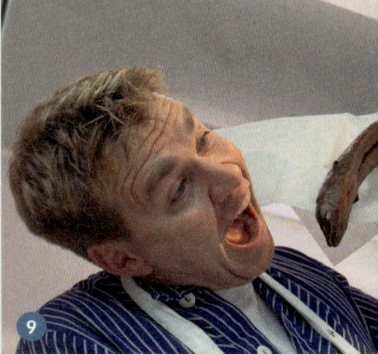

10 Kontrast zur City: Hamburg ist vielgesichtig. Das zeigt sich besonders schön im Blankeneser Treppenviertel, mehr Alternative zur City ist kaum denkbar. **Seite 87**

11 Hamburgs Amüsier-Flaggschiff: St. Pauli hat weltweit einen eindeutigen Ruf. Doch die Reeperbahn ist längst wieder gesellschaftsfähig. **Seite 102**

Es begann mit dem Handel

Die Fassaden der Speicherstadt wurden zu einem der Wahrzeichen der Hansestadt Hamburg, die sich in Jahrhunderten zur Handelsmetropole emporarbeitete. Was heute geradezu romantisch wirkt, war ursprünglich das Ergebnis reiner wirtschaftlicher Erwägungen. Was die Elbe aus aller Welt hinaufkam, wurde hier gelagert, kontrolliert, bearbeitet und natürlich am Ende profitabel weiterverkauft.

Spiegel des Kaufmannsglanzes

Helle Fassaden mit kupferbeschlagenen Dächern säumen Hamburgs gute Stube, die Binnenalster. Am Ballindamm hat die traditionsreiche Reederei Hapag-Lloyd seit mehr als 100 Jahren ihren Sitz, hinter dem Anleger der Alsterdampfer, die längst auch mit Wasserstoff und Solarenergie emissionsfrei angetrieben werden, lockt der Jungfernstieg mit dem Alsterhaus – Lifestyle-Shopping der Luxusklasse. Das feinste Kaufhaus der Stadt besitzt dank seiner Klientel einen guten Standort, gibt es in der Hansestadt doch mehrere tausend Millionäre.

Backstein-Expressionismus

Spitz wie ein Schiffsbug die Ostfront. Das
Chilehaus, von Fritz Höger aus 4,8 Millionen
Backsteinen mit 2800 Fenstern errichtet, ist
das Wahrzeichen des Kontorhausviertels, das
Hamburger Kaufleute gegenüber der Speicherstadt anlegten – beide zusammen wurden
als UNESCO-Welterbestätten anerkannt.

Augenfällige Stadtentwicklung

Im Museumshafen der HafenCity treffen die unterschiedlichen Zeitalter der Stadtgeschichte aufeinander. Der Zukunft zugewandt zeigen sich die Bauten des jüngsten Hamburger Stadtteils. Und dienen zugleich als Kulisse für die hier dümpelnden Repräsentanten der Vergangenheit, zu den auch die „Schaarhörn" zählt – 1907 auf Kiel gelegt, um kaiserliche Hoheiten angemessen repräsentativ durch den größten Hafen Deutschlands zu schippern.

Getanzte Emotion

Unter der Ägide von John Neumeier hat sich das
Hamburg Ballett an die Weltspitze getanzt.
Der aus Wisconsin stammende Direktor der
Truppe hat mit Choreographien wie „Nijinsky",
„Schwanensee", „Die Kleine Meerjungfrau" und
„Die Kameliendame" die Herzen der Hamburger
erobert, die den 77-Jährigen zum Ehrenbürger
ernannten.

Wo junger Stahl mit altem Backstein flirtet

Avantgardistische Gebäude wie der Turm der Kehrwiederspitze und die futuristische Elbphilharmonie, die auf einem alten Kaispeicher in den Himmel wuchs, führen in der HafenCity die Hamburger Backsteintradition mit jungem Stahl und noch mehr Glas in die Moderne – direkt vor den Schiffen der Skipper im Sportboothafen.

Idylle am Wasser

Japan schenkte Hamburg die Kirschbäume, die seit 1961 die Außenalster säumen. Ihre Blüte im Mai ist Anlass für das Japanische Kirschblütenfest – dann spiegelt sich funkelndes Feuerwerk in den Fluten. Ihre Uferbereiche öffnete Bürgermeister Max Brauer der Öffentlichkeit, die sie sofort begeistert in Beschlag nahm: als acht Kilometer lange Jogging- und Spazierstrecke mit immer wieder neuen Ausblicken auf die Skyline der City und die Alstervillen, die bis heute vom Wohlstand der Hamburger Kaufleute erzählen.

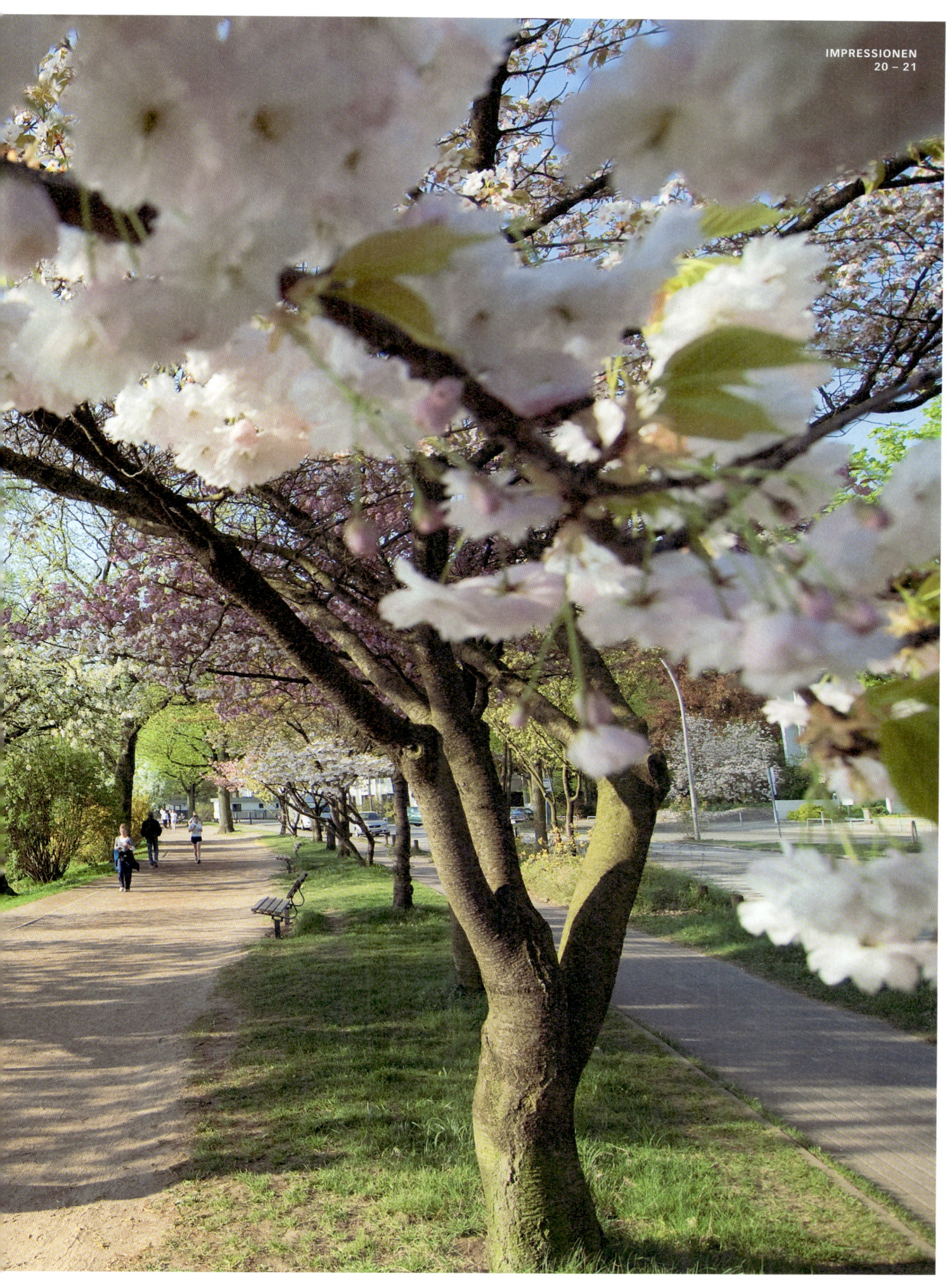

Ausgefallene Unterkünfte

Für jeden Anlass, für jedes Budget

Auch, wer es ungewöhnlich liebt, wird in Hamburg fündig. Rund 330 Hotels mit insgesamt 53 583 Betten gibt es in Hamburg – da ist Vielfalt garantiert. Mit Design- und Themenhotels, Wellnessoasen, Nightlife-Betten, luxuriösen Nobelherbergen, feinen, kleinen Privathotels, unkomplizierten Budget-Unterkünften – und ganz besonderen Häusern, die es nur in Hamburg gibt.

1 25hours Hotel Hamburg HafenCity

Mit maritimen Raritäten vom Flohmarkt und reichlich Seemannsgarn, das bei der Gestaltung der 170 Zimmer Pate stand, hat Hotelier Kai Hollmann in der HafenCity einen Ankerplatz für, wie er selber sagt, „unkomplizierte Großstadtindianer" geschaffen: mit Holzschreibtischen, die Seemannskisten ähneln, beleuchteten Globen in jedem Zimmer und einer barbusigen Galionsfigur im Bad. In der Freiluftsauna auf dem Dach oder dem Restaurant „Heimatliebe" sind die Hafenkräne zum Greifen nah.

25hours Hotel Hamburg HafenCity, Überseeallee 5, 20457 Hamburg, Tel. 040 25 77 77 0, www.25hours-hotels.com

2 Hotel Hanseatin

Männer haben keinen Zutritt: Im einzigen Frauenhotel der Hansestadt sind alle 13 Zimmer weiblichen Gästen vorbehalten – als individuell gestaltete Oasen, geschmückt mit Bildern von Künstlerinnen oder berühmten Frauen und Werken von Frauen wie Gertrude Stein oder Alice Schwarzer. Sicher, geborgen und frei sollen sich die Frauen hier fühlen, sagen Karin Wilsdorf und Linda Schlüter, die seit 19 Jahren mit ihrem Nischenprodukt Gäste aus aller Welt beherbergen.

Hotel Hanseatin, Dragonerstall 11, 20355 Hamburg, Tel. 04 0 34 13 45, www.hotel-hanseatin.de

3 Hotel Village

Schlafen, wo die Welt verkehrte: Bis in die 1980er-Jahre war das „Petit Cherie" das vornehmste Bordell Norddeutschlands. Als Kiez-König Willi Schulz sein Etablissement auf Anordnung der Polizei schließen musste, griffen Bernd Schönfeld und Stefan Hodermann zu und verwandelten den Amüsierbetrieb in ein extravagantes Boutique-Hotel, das mit seiner plüschig-barocken Einrichtung rasch zum Lieblingshotel von Hochzeitspaaren aufstieg. Besonders beliebt: Zimmer 44 mit seinem beweglichen Spiegel über dem Bett.

Hotel Village, Steindamm 4, 20099 Hamburg, Tel. 040 480 64 90, www.hotel-village.de

4 Insel-Pension

Die Betten sind knallgelb und schwarz, die Aussichten stets neu und anders. Mit einem klassischen Hotel hat die Inselpension auf der Elbinsel Wilhelmsburg wenig gemeinsam. Statt konventioneller Zimmer bietet sie individuell eingerichtete Unterkünfte an mehreren, über die Insel verstreuten Standorten: Baumhaus, Gartenlaube, Ladenlokal, Krankoje und Künstlerhaus im Hafendock.

Die Insel-Pension, Buchung nur telefonisch, Tel. 0163 243 49 10, www.die-insel pension.de

5 Feuerschiff

Erst ein wenig Jazz am Abend, dann ab in die Kajüte. Am nächsten Morgen blinzelt die Sonne durch das Bullauge, und hinter einem Mastenwald funkelt die faszinierende Glasfassade der Elbphilharmonie: Wo einst die Techniker und Lightsmen nach einer anstrengenden Nacht in die Koje krochen, kann man heute in den original belassenen Kabinen unvergessliche Momente erleben.

Das Feuerschiff, Vorsetzen, 20459 Hamburg, Tel. 040 36 25 53, www.das-feuer schiff.de

6 Nippon

Die Zimmernummern sind kalligrafisch gestaltet, die Böden mit Tatami-Matten ausgelegt. Kunstvolle Ikena und Tuschezeichnungen schmücken die Zimmer, Shoji-Reispapierwände filtern sanft das Licht. Das Bett ist ein luxuriöser Futon. Rasch in den Kimono geschlüpft, eine Tasse Tee – japanischer Lifestyle im Herzen von Hamburg, Erholung à la Fernost!

Nippon, Hofweg 75, 22085 Hamburg, Tel. 040 227 11 40, www.nipponhotel.de

7 Landhaus Flottbek

Hamburg ist urban, maritim und vibriert rund um die Uhr. In den Elbvororten zeigt der Stadtstaat, dass er auch ländlich rustikal kann. Unter dem dicken Reet des Landhauses Flottbek, im 18. Jahrhundert ein veritabler Hof, verstecken sich behagliche Landhauszimmer mit allem Komfort – Selbstversorger können in den einstigen Remisen nächtigen. Und, falls sie nicht selbst kochen wollen, unter uralten Holzbalken mit Blick auf die gusseisernen Stallfenster allerfeinste regionale Küche genießen, garantiert bio, fairtrade und frisch.

Landhaus Flottbek, Baron-Voght-Straße 179, 22607 Hamburg, Tel. 040 82 27 41 60, www.landhaus-flottbek.de

8 Superbude St. Pauli

Das ehemalige Fernmeldeamt an der Grenze von Schanzenviertel und St. Pauli birgt heute Hamburgs unkonventionellstes Budgethotel. Besonders familienfreundlich ist die Rockstar-Suite – mit sechs Matratzen, in Reihe gelegt, auf deren Bettzeug das Totenkopflogo der Kiez-Kicker vom FC St. Pauli prangt. Wer noch nicht schlafen mag, chillt in der Lobby in Schubkarren, die mit Fellen ausgelegt sind, und surft kostenfrei im Web. Den Hunger stillen der Kitchen Club und Kühlschränke mit Selbstbedienung rund um die Uhr.

Superbude St. Paul, Julius-straße 1, 22769 Hamburg, Tel. 040 807 91 58 20, www. superbude.de

9 Leuchtturm-Hotel

Ab 1300 beschützte der backsteinerne Wehrturm die Elbmündung vor Piraten und Plünderern, 1815 wandelte er sich zum Leuchtturm – und ist damit heute Deutschlands ältester Signalturm für die Schifffahrt. Hinter seinen meterdicken Mauern verstecken sich sieben einfache, aber urgemütliche Zimmer. Authentisch wird die Nacht im Watt, wenn man von Cuxhaven aus bei Ebbe nach Neuwerk über den Meeresboden läuft. Oder sich in hochbeinigen Wattwagen zum Eiland kutschieren lässt.

Pension Leuchtturm Neuwerk, Leuchtturm 1, 27499 Hamburg-Insel-Neuwerk, Tel. 04721 2 90 78, www.leuchtturmneuwerk.de

10 Lindner Park Hotel Hagenbeck

In direkter Nachbarschaft zu Hamburgs berühmtem Tierpark lässt das Viersternehaus im Kolonialstil als erstes Tierpark-Themenhotel der Welt in 158 Zimmern jene Jahre auferstehen, in denen Carl Hagenbeck durch fremde Länder reiste, um im 19. Jahrhundert exotische Tiere – und anfangs auch noch Menschen! – für seine Menagerie zu finden. Die erste und zweite Etage entführen nach Afrika, die dritte und vierte nach Asien, im fünften Stock geht es in die Arktis.

Lindner Park Hotel Hagenbeck, Hagenbeckstraße 150, 22527 Hamburg, Tel. 040 800 80 81 00, www.lindner.de/de/parkhotel_hagenbeck_hamburg

Weltoffene Metropole des Nordens

In der Freien und Hansestadt Hamburg ist die Große Freiheit nicht nur der Name eines Straßenzugs im Rotlichtviertel, sondern eine Frage der Haltung: Toleranz und Weltoffenheit gehören zum Weltbild der Hanseaten genauso wie eine Perlenkette zur Alstervilla.

Blick von der Lombardsbrücke auf Hamburgs Flaniermeile Jungfernstieg

An der Sonnenterrasse Jungfernstieg
haben die Alsterschiffe ihren Anleger

Von der Lombardsbrücke geht der Blick hinüber zum Ballindamm – Albert Ballin war im
Kaiserreich Generaldirektor der Reederei Hapag-Lloyd – und zum Turm der Petrikirche

Flaniermeile, Straßencafé und Einkaufspassage zugleich:
Alsterarkaden mit Blick auf Kleine Alster, Rathaus und Rathausmarkt

Hamburg profitiert seit jeher sehr von Auswärtigen: auf einer Einbürgerungsfeier im Festsaal des Hamburger Rathauses

Nach dem Großen Brand wurde der Alsterspiegel abgesenkt – „Hamburgs Gute Stube" entstand.

Mittags in der Innenstadt: Dezent in dunkles Tuch gekleidet, strebt der Hanseat dem Übersee-Club zu, um dort seinen Business-Partner zum Lunch zu treffen. Von Beruf ist er Reeder oder Kaufmann, involviert im Import-Export. Er wohnt in den „Handkussvierteln" Blankenese oder Othmarschen oder den großbürgerlichen Gründerzeitwohnungen und -villen am Westufer der Alster. Die Gattin spielt Golf, die Kinder Hockey. Gesegelt wird seit Kaisers Zeiten beim Norddeutschen Regatta-Verein, gerudert bei der Germania. Am Wochenende fährt die Familie zum Ferienhaus in die Heide, im Sommer auf die Insel (Sylt), im Winter nach Lech, Zermatt oder St. Moritz. Abends trifft man sich bei den Klassikkonzerten von pro Arte oder, es geht auch ganz salopp, zum Schleswig-Holstein-Musikfestival, das längst auch in Hamburg an ungewöhnlichen Spielorten gastiert – in Schiffsbäuchen und auf Werften, in Schwimmbädern und im Flugzeughangar. Alles Klischee? Gewiss, der Hanseat alter Schule ist selten geworden. Und doch haben sich nur Details verändert. Noch immer sagt man an Alster und Elbe, „da nich für" statt „gern geschehen", sind braune Schuhe oder gar Kreppsohlen laut Kleiderordnung des Rathauses nach 18 Uhr verboten, ist die Annahme von Orden verpönt. Und „Moin" zu sagen, ist nur etwas für Dienstboten, die ins Haus kommen ... Unbeirrt von Modewellen und Multikulti wird hanseatisches Understatement gepflegt, ist die Liebe zum anglophilen Teil des Erbguts – seit 1266. Damals gewährte der englische König Heinrich III. den Hamburger Kaufleuten das Recht, eine Schutzgemeinschaft – eine Hanse, der mittelalterliche Begriff für Gruppe – zu bilden und in London ein Kontor zu eröffnen – den Stalhof, wo Tuche auf ihre Qualität überprüft und anschließend abgestempelt wurden (stalen). Die klaren Regeln, nach denen die Kaufleute dort lebten, wurden in einem Statutenbuch festgehalten – seine Urfassung gehört zu den Schätzen der ältesten Wirtschaftsbibliothek der Welt, der 1735 gegründeten Commerzbibliothek der Hamburger Handelskammer, die jüngst ihr 350-jähriges Bestehen feierte.

Im Mittelalter begann das Geschäftsjahr nicht mit dem Jahreswechsel, sondern traditionell zum Frühjahrsanfang am 24. Februar. 1356 feierten die Hamburger an diesem „Matthias-Tag" ein großes Festmahl. Vierzig „Vertreter der Hamburg freundlich gesonnenen Mächte" waren zu jenem ersten „Matthiae-Mahl" eingeladen – rund zehnmal so

Zwischen Alt- und Neustadt liegt die Fleetinsel, nach schwersten Kriegsschäden Ende des 20. Jahrhunderts neu bebaut (oben links und oben rechts). Rings um den Jungfernstieg breiten sich Hamburgs Einkaufsparadiese aus – durch den Straßenzug Große Bleichen geht der Blick zum „Michel" (unten links), Richtung Westen zum Neuen Jungfernstieg mit dem Hotel „Vierjahreszeiten" (unten rechts)

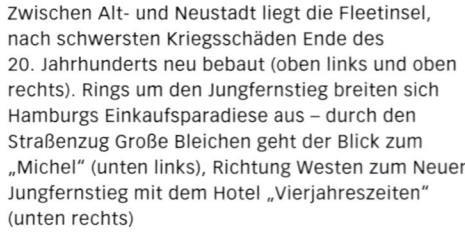

viele Besucher schlemmen heute beim weltweit ältesten Festmahl im Ratskeller. Wie das Protokoll und die strenge Geheimhaltung der Menüfolge haben sich auch die Ziele des festlichen Essens im Laufe der Jahrhunderte nicht verändert: Es geht darum, politischen Einfluss zu nehmen und die wirtschaftliche Macht zu stärken.

Es war nicht alles hell und licht in Hamburgs Geschichte

Eher dunkle Flecken

Wirtschaftlicher Vorteil bestimmte seit jeher Hamburgs Tun und Lassen. Das ging letzten Endes sogar so weit, dass ein Hamburger Reeder noch 1890 Arbeitssklaven für den Eisenbahnbau in Zentralafrika beförderte. Als er angesichts des Herero-Aufstands noch weit überhöhte Preise für den Truppentransport auf der „Prinzregent" ins damalige Deutsch-Südwestafrika kassierte, traf er bei seinen diesbezüglich nicht eben überempfindlichen Hamburger Kollegen allerdings auf Unverständnis.

Was dagegen nicht mehr den erwarteten Profit bringt, von dem wurde sich ohne große Skrupel getrennt – ein Hintergrund für die vergleichsweise geringe Zahl historischer Überbleibsel. Selbst kulturelle Schwergewichte wie der mittelalterliche Dom, das seinerzeit älteste Gotteshaus der Stadt, wurden beseitigt, wenn Soll und Haben nicht in Einklang gebracht werden konnten. Abriss statt Sanierung sparte den Hanseaten 1804 ein erkleckliches Sümmchen. Und auch die vielen über Jahrhunderte das Stadtbild bestimmenden Gewässer wurden kurzerhand zugeschüttet, als sie als Transportwege nicht mehr aktuell waren – von dem einst alles durchziehenden Wasserstraßennetz blieben gerade noch fünf der sogenannten Fleete – darunter das Bilder der Vergangenheit beschwörende Nikolaifleet an der Deichstraße.

Weit schweift der Blick vom Turm des „Michels" über die Stadt –
hier Richtung Westen bis zum Fischmarkt

St. Petri ist älteste der Hamburger Hauptkirchen.
In ihrem Umfeld befand sich die Keimzelle der
Hansestadt (unten links). Im Schatten des „Michels"
sind die Krameramtsstuben zu finden. Sie vermitteln
ein eindrucksvolles Bild vom „alten" Hamburg
(unten rechts)

St. Michaelis ist die wohl volkstümlichste Kirche Hamburgs und ein
Musterbeispiel für norddeutschen protestantischen Barock

Nordisches Venedig

Der Himmelfahrtstag 1842 ist bis heute im kollektiven Gedächtnis der Hamburger präsent. Denn am 5. Mai drangen nachts um eins Rauch und Flammen aus dem Haus Deichstraße 44. Ein Nachtwächter alarmierte die Feuerwehr, doch die Flammen waren schneller. Fünf Stunden später hatten sie den Rödingsmarkt in Brand gesetzt, abends den Jungfernstieg. Herabstürzende Trümmer versperrten die Fleete als Wasserweg, in den engen Gassen der Altstadt tanzte der Feuerteufel zwischen den Fassaden; viele Straßen waren für die Spritzen der Feuerwehr zu schmal. Innerhalb von 83 Stunden hatte der Große Brand drei Kirchen, 1749 Häuser, 103 Speicher zerstört, 20 000 Menschen obdachlos gemacht.

Mit dem raschen und auch rigorosen Wiederaufbau wurde ein Dreiländertrio beauftragt: William Lindley aus England, Alexis de Chateauneuf aus Frankreich und Gottfried Semper, der in Dresden den Bau von Oper und Gemäldegalerie unterbrach, um seiner Heimatstadt zu helfen. Bestrebt von der Vision, durch großzügige Weite und ungehinderten Zugang zum Wasser ein solches Inferno für alle Zeiten zu verhindern, bescherten sie Hamburg ein „nordisches Venedig": mit einem Rathausmarkt nach Vorbild italienischer Renaissanceplätze, der sich mit einer großzügigen Freitreppe zur Kleinen Alster öffnet, venezianisch anmutenden Alsterarkaden und dem florentinischen Palais der Alten Post, heute Domizil der Flagshipstores der US-amerikanischen Trend-Labels Abercrombie & Fitch und Tommy Hilfiger. Mit Ralph Lauren, Urban Outfitters und American Apparel haben weitere In-Marken aus den USA ganz in der Nähe ihre Läden. Umgekehrt ist auch Hamburger Mode in Amerika gefragt: Seit Sarah Jessica Parker im Film „Sex in the City 2" Jeans von „Closed" trug, sind die Hamburger Hosen auch bei Hollywood-Promis wie Brad Pitt, Tom Cruise und Drew Barrymore sehr beliebt.

Verführerische Passagen

So könnte der ganze Tag vergehen: gemütlich von einer Passage zur anderen schlendern, schauen, kaufen, schlemmen. Bei einem „Latte" Passanten beobachten oder an einem Stehstand Austern zu Champagner genießen – Hamburgs Passagen verführen zum Müßiggang. Das war schon vor 160 Jahren so. Um einen Blick auf die feenhaft beleuchteten Schaufenster von Sillem's Basar – seinerzeit eine der aufwendigsten und luxuriösesten Passagen Europas – zu werfen oder unter der Glaskuppel den

Das Hamburger Messegelände ist Anziehungspunkt für rund eine Million Besucher – hier bei der alljährlichen „Hanseboot". Bereits 1365 hatte die Hansestadt das Messeprivileg von Kaiser Karl IV. erhalten (oben). Kaufen und Verkaufen ist in Hamburg Lebenselixir. Zu den interessanten und edelsten Konsumtempeln gehört das Stilwerk beim Altonaer Fischmarkt (unten und rechts)

Klängen der Geiger zu lauschen, waren die Hamburger sogar bereit, Eintritt zu zahlen.

Heute locken 15 überdachte Einkaufsboulevards, ungestört von Wind und Wetter durch ein Paradies von Samt und Seide, Kostbarem und Kuriosem, Nützlichem und Nippes zu bummeln. Mehr Passagen kann keine europäische Stadt bieten. Fast immer integriert in die Fassaden alter Häuser, passen sie sich gut in das Stadtbild ein. Ein Labyrinth aus Durchgängen und neuen Wegen durchzieht die Häuserblocks, versteckt sich die Glitzerwelt hinter ehrwürdigen Kontorfassaden und dunkelrotem Klinker. Als hanseatischste unter den Passagen gilt das Hanseviertel mit Austernstand und Leysieffer-Dependance, wo Hamburg den Sommer mit Roter Grütze an Vanille-Eis genießt.

Hamburgs Passagen – für jeden Geschmack etwas im Angebot

Cool und trendy gibt sich die Galleria mit ihren markanten schwarzen Pilastern und weißen Wänden aus Marmor. Kunst und Kunstgewerbe konzentrieren sich im Kaufmannshaus. Der letzte Schick für die Frau – zum Jungfernstieg hin edel und exklusiv, zur Poststraße flippiger und preiswerter – findet sich im Hamburger Hof. Die Gänsemarktpassage ist die junge, sportlich-modische Verbindung zwischen Gänsemarkt und Colonnaden, der Bleichenhof die klassisch orientierte Alternative. Alsterfleet und Neuer Wall, Hamburgs Fifth Avenue mit Europas Luxuslabeln, verbindet Hamburgs schönste, älteste und kürzeste Einkaufsarkade: die nach einem ehemaligen Geschäftsinhaber benannte Mellin-Passage, geschmückt mit Jugendstilfresken an Decken und Wänden.

Mailand war Vorbild

Das Passagenviertel, im Westen der Innenstadt 1971 nach Vorbild der Mai-

Der echte Hamburger kleidet sich britisch orientiert und grundsolide – durabel eben – bei Ladage & Oelke ein

Die Mellin-Passage zwischen Alsterarkaden und Neuem Wall

Gründerzeitliche Fassaden prägen Jungfernstieg und Colonnaden

Das Goldstück in den Colonnaden

Kaum zeigt sich die Sonne, zieht es die Hamburger nach draußen. In den Straßencafés gibt man sich weltläufig und bestellt beispielsweise Bruschetta zum Cappuccino

Längst hat Hamburg in puncto Passagen dem stolzen Mailand den Rang abgelaufen.

länder Galleria begonnen, weitet sich immer mehr über die gesamte Innenstadt aus. Im Osten der City locken die jüngst neu eröffnete, dreigeschossige Passage der HSH Nordbank, der kleine Barkhof und das Levantehaus, eine noble zweistöckige Arkade mit einem Hauch Art déco. Bis 2006 entstand für knapp eine halbe Milliarde Euro zwischen Mönckebergstraße und Ballindamm, Bergstraße und Alstertor die anfangs nicht unumstrittene Europa-Passage. Im Jahre 2012 wurde am ehemaligen Standort des Ohnsorg-Theaters zwischen Bleichenfleet und Große Bleichen die über 100 Jahre alte Kaisergalerie als edle Arkade eingeweiht und das benachbarte, ebenfalls aus kaiserlichen Zeiten stammende und geschickt aufgefrischte Kaufmannshaus wiedereröffnet.

Althamburger Spuren

Die Deichstraße indes, deren Brand das Stadtbild so grundlegend veränderte, gehört heute zu den wenigen Adressen, wo das alte Hamburg bewahrt wurde – dank des rührigen Vereins „Rettet die Deichstraße". Er verhinderte den Bau einer 20 Meter breiten Straße und restaurierte ab 1974 die alten Kontore und Speicher am Nikolaifleet, wo heute auf dem Ponton von „Ti Breizh" bretonische

Crêpes und Galettes vor der Fachwerkkulisse serviert werden.

Vorzeigeobjekt der Kopfsteingasse ist das Althamburger Bürgerhaus, an dessen Fleetseite sogar eine der alten Lauben erhalten blieb, jene mittelalterlichen Mülleimer und Toiletten, deren Unrat und Fäkalien direkt in das Fleet fielen. Bis William Lindsey nach dem Großen Brand in Hamburg 1848 mit der „Stadtwasserkunst" Deutschlands erste Wasserver- und -entsorgung anlegen ließ – und damit zugleich einen stadtbekannten Hamburger arbeitslos machte: den Wasserträger Johann Wilhelm Bentz. Wurde er wieder einmal von Kindern mit „Hummel, Hummel" geneckt, antwortete er ihnen statt mit „klei di an'n mors" („kratz dich am Hintern") nur missmutig mit „Mors, Mors" – und begründete damit den bekannten Hamburger Gruß: Hummel, Hummel – Mors, Mors. 2003 brachte eine Kunstaktion den Wasserträger aus der Hamburger Neustadt zurück ins Stadtbild, bunt bemalt von Künstlern wie Jette Joop. Drei Jahre später wurde ein Großteil der 114 Figuren für die Obdachlosenhilfe versteigert. Doch vor dem Kaufhaus, beim Panoptikum und in der Wandelhalle des Hauptbahnhofs erhebt sich bis heute Hans Hummel in Lebensgröße. Hummel, Hummel ...

Shopping hanseatisch

Trend-Labels und Traditionshäuser

Nordisches Flair und maritimes Lifestyle, Luxuslabels und hanseatisches Understatement: Hamburg ist ein Lebensgefühl. Ganz besonders in der Mode! Schließlich stammen der Pariser Modezar Karl Lagerfeld und die bekannte Modeschöpferin Jil Sander von der Elbe.

1 Ladage & Oelke

London wäre stolz: In keinem anderen Traditionshaus sind Hamburgs enge Beziehungen zu England so zu spüren wie bei Ladage & Oelke am Neuen Wall, das seit 1845 die Hanseaten in englischem Tuch einkleidet – anfangs nur die Herren. Unter stuckverzierten Decken hängen Tweedsakkos, Duffle Coats, Barbour-Jacken, klassische Anzüge und Kostüme. Manschettenknöpfe, Gehstöcke, Einstecktücher und handgenähte Schuhe machen den hanseatischen Countrystyle perfekt – für die obligatorische Perlenkette oder den Siegelring mit echtem oder fingiertem Wappen ist wenige Schritte weiter am Neuen Wall Juwelier Wempe zuständig.

Ladage & Oelke, Neuer Wall 11, 20354 Hamburg, Tel. 040 35 01 89 00, www.ladage-oelke.de

2 Wellensteyn

Was haben die Moskauer Geheimpolizei, die Werftarbeiter bei Blohm+Voss und die Türsteher vom Kiez mit Golfern und Geschäftsleuten gemein? Sie alle tragen Jacken von Wellensteyn. Der Norderstedter Textilhersteller, der viele Jahrzehnte lang funktionelle Arbeitskleidung herstellte, hat heute 500 Jacken im Sortiment, die alle eines sind: ungeheuer praktisch, wetterfest und unverwüstlich. Markenzeichen der Trendjacken, die auch Prominente wie REM-Sänger Michael Stipe lieben, ist ein weißes, achtzackiges Kreuz auf rotem Schild.

Wellensteyn International, Flagship Store Gänsemarktpassage, Gänsemarkt 50, 20354 Hamburg; Tel. 040 30 98 59 30, www.wellensteyn.com; Werksverkauf Werkstraße 2, 22844 Norderstedt; Factory Outlet, Oststraße 61, 22844 Norderstedt

3 Derbe

Es gibt kein schlechtes Wetter, sondern nur falsche Kleidung. Die richtige Kluft gegen Regen, Schnee und Sturm finden die Hanseaten bei Derbe, das mit frischfrecher Funktionskleidung Klassiker wie den gelben „Friesennerz" wiederbelebte und zum Fashion Must-Have machte. Knallgelb, olivgrün oder in vielen anderen Farben sind die Jacken als Softshell oder Regenmantel die Bestseller der gebürtigen Hamburger Thomas Köhlert und Sandy Baumgarten.

Derbe & Support, Flagship Store Eimsbüttel, Osterstraße 169, 20255 Hamburg beide: Tel. 040 49 22 29 29, www.derbe-hamburg.de; Showroom Schnackenburgallee 179, 22525 Hamburg

4 Uhrenmanufaktur Henschler

Echte Hanseaten lieben Understatement, tragen Grau, Blau, Schwarz – und den Pelz nach innen. Ihren Status erkennt man an den Schuhen. Und an den Uhren, die aus kleinen, feinen Werkstätten wie der Uhrenmanufaktur Hentschel kommen. Bei ihr gibt es keine Massenware oder Luxuslabels, sondern hochwertige Chronometer, handgefertigt nach den persönlichen Wünschen und Vorgaben des Trägers.

Hentschel, Geschwister-Scholl-Straße 119, 20251 Hamburg, Tel. 040 480 78 13, www.hentschel-hamburg.de

6 **5**

3

1

5 Jil Sander & Katharina Hovman

1975 eröffnete Jil Sander in der Milchstraße die erste Designerboutique Deutschlands. Kompromisslose Qualität war ihr Credo, Purismus ihr Stil. 20 Jahre später hat mit einem ähnlichen Konzept eine zweite Hamburger Designerin international Erfolg: Katharina Hovman. Ihr Look ist kühl und klar, pures Understatement mit edlen Stoffen, perfektem Schnitt, bester Verarbeitung, edel und extravagant zugleich, und doch ungleich femininer als bei Jil Sander, die nach turbulenten Zeiten heute wieder an Hamburgs „Fifth Avenue" Neuer Wall zu finden ist.

Jil Sander, Neuer Wall 43, 20354 Hamburg, Tel. 040 374 12 90, www.jilsander. com
Katharina Hovman, Eppendorfer Landstraße 63, 20249 Hamburg, Tel. 040 48 09 24 99, www.katharina hovman.com (ab Sommer 2016 neue Ladenanschrift; s. Internetseite)

6 Mutterland

Garantiert „made in Germany" sind die Delikatessen von 200 familiengeführten Manufakturen, die der Hamburger Designer und Gastronom Jan Schawe bei „Mutterland" anbietet: Schokolade vom Kakao Kontor Hamburg, Marmelade von Freche Früchtchen, Pasteten von Fürst Schaumburg oder Brände von Stählemühle. Im Stammhaus von „Mutterland" wie den Filialen in Eppendorf und in der Innenstadt kann man nicht nur einkaufen, sondern auch deutsche Küche genießen – ganz bodenständig, und doch immer wieder besonders.

Mutterland, Stammhaus Ernst-Merck-Straße 9/Ecke Kirchenallee, Tel. 04 0 2840 7978, www.mutter land.de. Filialen Poststraße 14 und Lenhartzstraße 1/ Ecke Eppendorfer Baum;

7 Blicker-Modeschuhe

Höher als „Dolly" ist keiner: 20 cm misst der Absatz des Lack-Plateaustiefels, der bei Blicker-Schuhe im Regal steht. Von außen bieder und unscheinbar, birgt der Schuhladen im Innern wahre Schuhträume. Pumps, Stiefeletten, Slings und Sandaletten aus Lack und Leder, vorzugsweise in Schwarz oder Knallrot. Totenkopfnieten, Stickerei, Strass oder Swarovski-Steine zieren die Modelle, die die Füße vieler Stars schmücken – Yvonne Catterfeld und Sarah Connor gehören ebenso zu den Kunden wie die Drag Queen Olivia Jones, die auf Blickers High Heels bei ihren St.-Pauli-Rundgängen über das Pflaster der sündigsten Meile der Welt spaziert.

Blicker Modeschuhe, Reeperbahn 143, 20359 Hamburg, Tel. 040 31 42 09, www.blicker-schuhe.de, www.hohe-absaetze.de

Weltoffene Hansestadt

Die Innenstadt ist Machtzentrale des Stadtstaats Hamburg, Shoppingmekka, Kunstmeile, Medienzentrum und historisches Herz der Hansestadt: Zwischen Wallring und Hafen bilden Alt- und Neustadt das Zentrum der norddeutschen Weltstadt.

● Altstadt

Im Westen das Alsterfleet, im Süden der Zollkanal, im Osten die Gleisanlagen am Hauptbahnhof: In der 2,4 km² große Altstadt liegen die Wurzeln der Hansestadt.

RUND UM DEN RATHAUSMARKT

Sie überragt alles: Hamburgs älteste Hauptkirche **St. Petri** ❶ mit ihrem 132 m hohen Kupferturm – mit Urspr. im 11. Jh., im 13. Jh. als gotische Hallenkirche errichtet und 1849 nach dem Großen Brand von 1842 in Anlehnung an den mittelalterlichen Bau wieder aufgebaut. Südl. des Gotteshauses lag ab 817 am heutigen Domplatz die ringförmige **Hammaburg**, 845 von Wikingern geplündert und gebrandschatzt. Nach ihrer Zerstörung stand am Domplatz der bis 1807 abgebrochene **Mariendom** – heute markieren 39 illuminierte Plexiglaswürfel auf dem Rasen die einstigen Säulen des Doms. Ein Wall aus Stahlblech zeichnet die Konturen der Domburg nach.

Die wenigsten wissen, dass das **Hamburger Rathaus** ❷ mehr Räume (647) hat als der Londoner Buckingham Palace. Michael Haller und sechs weitere Architekten haben sich 1886 bis 1897 mit dem Prunkbau der Hansestadt verwirklicht, 4000 Eichenpfähle in den morastigen Grund gerammt, Granit und Sandstein darauf gesetzt, mit Renaissance, Barock und Historismus geflirtet und, ganz unhanseatisch, die Fassade mit 20 Königen und Kaisern des alten deutschen Reiches geschmückt. Unter dem 112 m hohen Zentralturm mahnt über dem Eisenportal auf Latein: „Die Freiheit, die die Vorfahren errungen, mögen die Nachfahren würdig zu erhalten suchen." Die 121 Feierabend-Parlamentarier der Hamburgischen Bürgerschaft treten jeden zweiten Dienstag um 15.00 Uhr zusammen. Oder treffen sich im Rathauskeller zum inoffiziellen Parlament zu Labskaus, Pannfisch, Friesensteak oder Perlhuhn (Restaurant „Das Parlament", Rathausmarkt 1, Tel. 040 70 38 33 99, www.parlament-hamburg. de). Ein Erlebnis sind die Rathauskonzerte im Juli/Aug., bei denen im Innenhof die Hamburger Symphoniker aufspielen (Rathausführungen Mo.–Do. 10.00–15.00, Fr. 10.00–13.00, Sa. 10.00–17.00, So. 10.00–16.00 Uhr, Anmeldung zum Besuch der Plenarsitzungen Tel. 040 428 31 24 09 oder auf www. hamburgische-buergerschaft.de).

Blick aus St. Katharinen zum Rathaus (links). Im Schatten der Petrikirche: historisierendes Hulbe-Haus (rechts)

Der **Rathausmarkt** wurde nach dem Großen Brand von Gottfried Semper und Alexis de Chateauneuf nach Vorbild des venezianischen Markusplatzes gestaltet und ist Bühne für Großevents von Freiluftkino, Rock-Spektakel, Stuttgarter Weindorf bis Weihnachtsmarkt. Am Südostende steht das Heinrich-Heine-Denkmal (1982) von Waldemar Otto; im Nordwesten zeigt im ehem. Reichsbankgebäude (bis 1919) das **Bucerius-Kunst-Forum** jährlich vier Kunstausstellungen von der Antike bis zur Gegenwart (Rathausmarkt 2, Tel. 040 360 99 60, www.buceriuskunstforum.de; tgl. 11.00–19.00, Do. 11.00–21.00 Uhr).

In die Gesamtanlage bezog Chateauneuf auch die **Kleine Alster** und die **Alsterarkaden** mit ein. Schmuckstück der weiß leuchtenden Häuserreihe mit alteingesessenen Läden ist die mit Stuck und Deckenmalereien im Jugendstil verzierte Mellin-Passage, die älteste Hamburgs.

Wie eng Wirtschaft und Politik im Stadtstaat verflochten sind, zeigt die **Börse** (1839–1842), rückwärtig an das Rathaus gelehnt und als einziges Gebäude der Altstadt vom Großen Brand verschont. Heute residiert in dem spätklassizistischen Bau die Handelskammer Hamburg.

KONTOR- UND KAUFHÄUSER

Nach wiederholten Choleraepidemien ließ Bürgermeister Johann Georg Mönckeberg (1839–1908) die enge Fachwerkbebauung der östl. Altstadt abreißen und schuf damit auch Platz für die Trasse der U-Bahn, die seit 1906 Rathaus und Hauptbahnhof verbindet. Oberirdisch wurde bis 1911 ein 30 m breiter, 800 m langer Boulevard angelegt, dessen große Kaufhäuser heute den Blick von den nicht minder imposanten Kontorhäusern ablenken: die **Mönckebergstraße** ❹, „Mö" genannt. Um eine einheitliche Gesamtwirkung sicherzustellen, wurde bei der Neugestaltung unter Stadtbaudirektor Fritz Schumacher erstmals eine Kunstkommission eingesetzt. Besonders gelungen sind die drei Klinkerbauten Fritz Högers – das **Klöpperhaus** von 1913 (Nr. 3, heute Kaufhof), das **Rappolthaus** (Nr. 11; 1912) und das **Grellhaus** (1911) an der Ecke Große Bergstraße. Das **Levantehaus** (Nr. 7; 1912), einst Sitz der Levante-Schifffahrtslinie, birgt seit 1997 eine elegante Jugendstil-Einkaufspassage und ein Fünf-Sterne-Hotel (Hyatt). Der alte Pferdemarkt wandelte sich 1946 zum **Gerhart-Hauptmann-Platz,** von wo es nur wenige Schritte zum 1843 gegründeten Thalia-

Tipp

Zum Shoppen und Flanieren

....

Alsterarkaden Exklusive Einkaufszeile am Alsterfleet mit Rathaus-Blick. Very british: Ladage & Oelke.
Bleichenhof Edles Shopping – bei Monika Fleck gibt es den passenden Hut fürs Derby, bei Charlotte Ehinger-Schwarz ausgefallene Schmuckstücke mit Edelsteinen oder Feueremail.
Galleria Kaufmannstraum in Schwarz-Weiß mit 25, oft ausgefallenen Läden (Große Bleichen/Alsterfleet, www. galleria-hamburg.de).
Gänsemarktpassage Modetrends, Zeitgeist und Lebensart im lichten Durchgang zwischen Gänsemarkt und Colonnaden (www.gaensemarkt-passage.de).
Hamburger Hof Schönste Verbindung zwischen Poststraße und Jungfernstieg mit gekonntem Mix aus Trend und Tradition. Die Hamburger Hof-Parfümerie hat mehr als 30 000 Parfüms im Angebot (www.hhof-passage.de).
Hanseviertel Mutter aller Hamburger Passagen, hanseatisch edel und zurückhaltend (Poststraße/Große Bleichen, www.hanseviertel.de).
HSH Nordbank Passage Einkaufswelt zwischen Mönckebergstraße, Gerhart-Hauptmann-Platz und Rosenstraße (www.shoppingpassagehamburg.de).
Kaufmannshaus Kunst(handwerk) und Wohnaccessoires im Gründerzeit-Kontorhaus (1905) zwischen Große Bleichen und Bleichenbrücke (www. kaufmannshaus.com). Direkt am Fleet verwöhnt „Atelier F" mit französischer Küche im lässigen Ambiente des American Way of Life (www.atelierf.eu).
Levantehaus Gediegene Lebensart, Kunsthandwerk und Design (www. levantehaus.de).
Mellin-Passage Hamburgs kürzeste Passage zwischen Alsterarkaden und Neuem Wall.
Neuer Gänsemarkt Mini-Passage mit dem größten Food Court der Innenstadt (Poststraße/Gänsemarkt).

In der Mellin-Passage (links). Der Japanische Garten in „Planten un Blomen" (rechts oben). Die Deichstraße vom Nikolaifleet aus gesehen (rechts unten)

Theater (s. S. 117) und zur Binnenalster sind. Mit dem **Passage-Kino** befindet sich auch das älteste (seit 1913) betriebene Lichtspieltheater Deutschlands an der Einkaufsmeile.
Den Übergang von der Mönckebergstraße zum Kontorhausviertel bildet die gotische Pilger-kirche **St. Jacobi** (Urspr. 14. Jh., 1963 wieder aufgebaut), die von Mai bis Okt. am 1. Sa. im Monat ins Turmcafé zu Kaffee und Kuchen mit Fernsicht lädt. Ihre berühmte Arp-Schnitger-Orgel (1693) ist So. im Gottesdienst und bei Orgelkonzerten zu hören; Do. um 12.00 Uhr wird Nordeuropas größte Barockorgel bei einer Führung vorgestellt.
Bei der Neugestaltung der östlichen Altstadt schufen sich Hamburgs Kaufleute ihre zentrale Schaltstelle zwischen Rathaus und Speicher-stadt, dem einst größten Warenlager der Welt: das **TOPZIEL** Kontorhausviertel ⑤ (www. kontorhausviertel.com; Führungen April–Okt. 16.30–18.30 Uhr). Begrenzt von Klosterwall, Brandstwiete, Stein- und Willy-Brandt-Straße, entstand rund um den Burchardplatz ein back-steinernes Expressionismus-Ensemble – die Aufnahme als Unesco-Welterbestätte spiegelt seine Bedeutung. Zum Viertel gehören drei Komplexe: **Sprinkenhof** (1925–1943), **Meß-berghof** (1924) und **Chilehaus** (1922–1924).

RUND UMS NIKOLAIFLEET

Seit 1956 zerschneidet eine sechsspurige Ver-kehrsachse Alt- und Neustadt: Ludwig-Erhard-und Willy-Brandt-Straße. In ihrer Mitte ragt wie ein mahnender Finger schwarz der mit 147,3 m vierthöchste Kirchturm der Welt empor. Er ge-hört zur ehem. Hauptkirche **St. Nikolai** ⑦ im Juli 1943 nach den Bombardements ausge-brannt und heute Mahnmal für den Frieden an die Opfer von Krieg und Gewalt der Jahre 1939 bis 1945. Ein Panoramalift saust zur Aussichts-plattform in 76 m Höhe; die Geschichtswerkstatt dokumentiert die schwersten Zerstörungen der Innenstadt im Zweiten Weltkrieg (www. mahnmal-st-nikolai.de; tgl. 10.00–18.00 Uhr).
Die Hauptkirche **St. Katharinen** ⑥ wurde 1250 auf der ehem. Elbinsel Grimm errichtet – ihre Krone soll aus dem Gold des Störtebeker-Schatzes gegossen worden sein … (www. katharinen-hamburg.de). In der **Deichstraße** ⑧ blieb ein Ensemble historischer Kontor- und Speicherhäuser bewahrt. Vorzeigeprojekt ist das Althamburger Bürgerhaus (Nr. 37), fotogen der Blick von der Hohen Brücke.
Älteste Verbindung zur Neustadt ist die St. Ni-kolai benachbarte **Trostbrücke,** von der Stadt-gründer St. Ansgar auf Kontorhäuser blickt.

● Neustadt

Die Neustadt erstreckt sich vom Johannes-Brahms-Platz im Norden bis zum Hafen im

Süden. Dass einst hier das Armenviertel der Stadt lag, ist heute kaum noch zu spüren: Seit den 1980er-Jahren erlebt die Neustadt ein mil-lionenschweres Facelifting. Erst seit jüngstem werden auch die historische Reste des einst eng bevölkerten „Gängeviertels" restauriert.

BINNENALSTER

Die 18 ha große **Binnenalster** ③ entstand im 13. Jh. durch Aufstauung des Alsterflusses. Zwei Brücken trennen Binnen- und Außenalster: **Kennedybrücke** (1953) und **Lombardsbrü-cke** (1865) mit Paradeblick auf die Innenstadt. Rund um die Binnenalster wird seit mehr als 30 Jahren Ende Aug. das Alstervergnügen gefeiert. Die Rundfahrten mit der „Weißen Flotte" der Alstertouristik starten am Anleger **Jungfern-stieg.** Der Boulevard am Südufer der Binnen-alster ist seit jeher Flaniermeile. Im Osten en-det der Jungfernstieg an der **Europapassage,** im Westen an den **Colonnaden,** die seit 1878 mit Läden und Lokalen unter Arkaden eine Verbindung zum Stephansplatz schaffen. Auf dem **Gänsemarkt** wurden niemals Gänse ge-handelt – sein Name geht auf Ambrosius Go-sen (niederdt. für Gans) zurück. Im **Bäckerbreitergang** vermitteln restaurierte Fachwerkhäuschen des 18. und 19. Jh. einen Eindruck vom ehem. „Gängeviertel".
Jenseits des Gorch-Fock-Walls liegt als einstiger Teil der Wallanlagen der zur Gartenschau 1935 angelegte Park **Planten un Blomen** ⑫ mit Japanischem und Altem Botanischen Garten.

GROSSNEUMARKT

Rund um den kopfsteingepflasterten **Groß-neumarkt** ⑪ sorgen Musikkneipen, Trend-boutiquen und alteingesessene Fachgeschäfte für das besondere Flair des Viertels, das seine Bodenhaftung (noch) nicht verloren hat. Mi. und Sa. ist 8.30–13.30 Uhr Wochenmarkt;

abends wird im „Cotton Club" am Alten Steinweg 10 gejazzt. Typisch Alt-Hamburger Bürgerhäuser wurden für eine Wohnanlage an der Petersstraße/Neanderstraße/Hütten wieder aufgebaut – besonders gelungen ist der Nachbau des barocken **Beylingstiftes** (urspr. 1751) und der eines gleich alten Kaufmannshauses, das als Herzstück des neuen „Komponisten-Quartiers" die Erinnerung an Johannes Brahms (1833–1897) und drei weitere Komponisten wach hält, die Hamburgs Musikgeschichte prägten: Georg Philipp Telemann (1681–1767), Carl Philipp Emanuel Bach (1714–1788) und Johann Adolf Hasse (1699–1783); in Planung sind Museen für Fanny und Felix Mendelssohn und Gustav Mahler (Petersstraße 39, Tel. 040 34 06 86 50, www.komponistenquartier.de; alle Museen Di.–So. 10.00–17.00 Uhr).

FLEETINSEL
Den Übergang von Alt- und Neustadt bildet die **Fleetinsel** 9, einst Speicher- und Kontorhausbereich und heute Hamburgs Galerienviertel für zeitgenössische Kunst. Kühl und sachlich zeigt sich die Backsteinbebauung, die seit den 1980er-Jahren entstand. Blickfang am Baumwall ist das **Slomanhaus,** 1921 von Fritz Höger umgestaltet. Modern wurde bis 1990 für die Verlagszentrale von Gruner + Jahr Hamburgs maritimes Erbe interpretiert – die „graue Maus vom Baumwall".
Der **Fleetmarkt** vor dem Steigenberger Hotel ist ein beliebter Treffpunkt und Eventbühne für das sommerliche Fleetinsel-Festival und einen Weihnachtsmarkt.

RUND UM DEN MICHEL
Keine Kirche wird von den Hamburgern so geliebt wie **TOPZIEL St. Michaelis** 10. Unhanseatisch in seiner barocken Verspieltheit, ist der heutige „Michel" der bereits dritte Kirchenbau am Standort – das erste Gotteshaus (1647–1750) wurde vom Blitz getroffen, der zweite Bau 1906 durch Brand bis auf die Grundmauern zerstört. Der Zentralbau birgt einen barocken Saal in Beige mit 2500 Sitzplätzen, eine imposante marmorne Kanzel und die 6665 Pfeifen der Steinmeyer-Orgel – hier das Weihnachtsoratorium von Bach zu hören, ist in Hamburg Tradition. Der 132 m hohe Westturm war Seezeichen und ist Wahrzeichen der Stadt zugleich. Zur Turmplattform führen 453 Stufen und ein Fahrstuhl. Oben bläst tgl. um 10.00 und 21.00 Uhr der Turmhüter einen Choral in alle vier Himmelsrichtungen (Tel. 040 37 67 80, www.st-michaelis.de; Mai–Okt. tgl. 9.00–19.30, sonst tgl. 10.00–17.30 Uhr). Im Schatten der Kirche versteckt sich Hamburgs pittoreskester Hinterhof: In den **Krameramtsstuben** konnten bis zu 20 Witwen ehrbarer Hamburger Händler ihren Lebensabend verbringen. 1974 renoviert, sind Kaffeestube, Kunstgalerie und Buchläden in die 30 m lange Gasse eingezogen; das Museum, eine Außenstelle des Hamburg Museums, bewahrt eine der Witwenwohnungen von 1850/1860 (Krayenkamp 10, Tel. 040 37 50 19 88, www.hamburgmuseum.de; April–Okt. Di.–So. 10.00 bis 17.00, sonst Sa. und So. 10.00–17.00 Uhr).

Rollende Alternative

DuMont Aktiv

Sie sind knallrot, schnittig und an 111 Stationen im Stadtgebiet kinderleicht zu entleihen: die öffentlichen Leihfahrräder von StadtRAD Hamburg. Mehr als 1650 robuste Drahtesel stehen für Entdeckungstouren bereit – für vier bzw. acht Cent pro Minute und maximal zwölf Euro pro Tag.

Radfahren hat in Hamburg Tradition: Seit mehr als 100 Jahren durchzieht ein 1700 km langes und jüngst stark wachsendes Radwegenetz die Hansestadt. Zur Radverkehrsstrategie der Elbmetropole gehört seit 2008 das StadtRAD, ein öffentliches Fahrradleihsystem, das Hamburg in Kooperation mit der Deutschen Bahn AG betreibt. Mehr als 1650 Drahtesel lassen sich inzwischen an 111 Stationen im Stadtgebiet entleihen; 40 weitere Stationen mit zusätzlichen 500 Rädern sind geplant.

35 Räder stehen auch vor Unilever am Strandkai – und fordern dazu auf, die HafenCity zu entdecken. Konditionsstarke können danach weiter nach Wilhelmsburg radeln, das sich vom industriegeprägten Hinterzimmer der Hansestadt in ein attraktives Inselquartier verwandeln will. Die Hafentour funktioniert in entgegengesetzter Richtung genauso gut: Auch an der S-Bahn-Station Veddel gibt es eine Station. Patriziervillen, traditionsreiche Ruder- und Segelclubs, aber auch Auwälder und urwüchsige Natur lassen sich entlang der Alster entdecken – Leihräder stehen an sechs Stationen der Außen- und Binnenalster; wer die Oberalster hinauf geradelt ist, kann das Rad in der U- oder S-Bahn kostenfrei zurück in die Innenstadt bringen.

Weitere Informationen

Um StadtRAD zu nutzen, ist eine **Anmeldung** im Internet oder am Ausleihterminal der Station nötig (http://stadtrad.hamburg.de). Die erste halbe Stunde ist kostenlos; danach beträgt die **Leihge-**

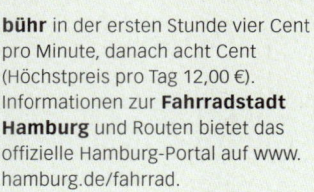

bühr in der ersten Stunde vier Cent pro Minute, danach acht Cent (Höchstpreis pro Tag 12,00 €). Informationen zur **Fahrradstadt Hamburg** und Routen bietet das offizielle Hamburg-Portal auf www.hamburg.de/fahrrad.

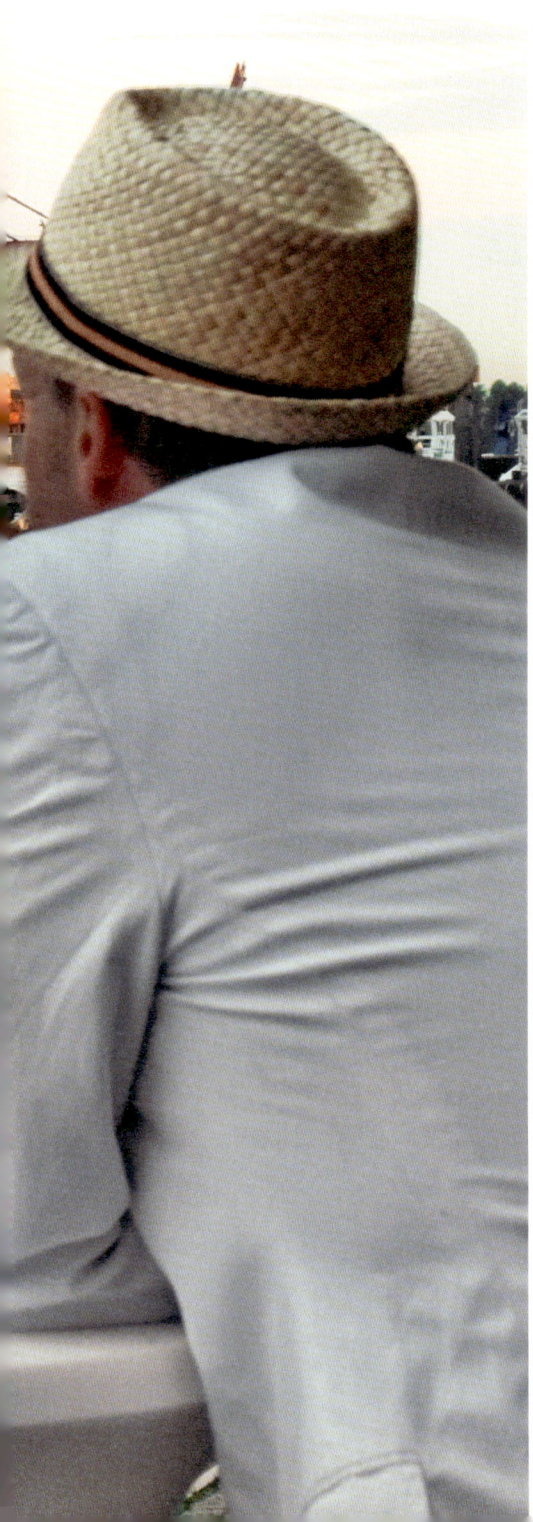

Tor zur weiten Welt

Ein geschickt gefälschter Freibrief von Kaiser Friedrich I. Barbarossa machte Hamburg im Jahr 1189 zur freien Stadt und seinen Hafen zum Tor zur Welt. Hightech-Terminals und HafenCity sind hier die Zeichen der Zukunft, Landungsbrücken und Speicherstadt nostalgische Landmarken maritimer Vergangenheit.

An der Elbuferpromenade des Altonaer Hafenrands kann der Tag entspannt ausklingen

Container bestimmen heute das Hafengeschehen auch in Hamburg. Sie haben viele traditionelle Hafenberufe fast aussterben lassen, aber auch für neue in schwindelnden Höhen gesorgt. Ein Blick von der Brücke eines der immer größer werdenden Containerfrachter zeigt, wie schmal die Schifffahrtsstraße Elbe aus Sicht der Schiffsführung mittlerweile wirkt

Das Nordufer der Elbe zwischen Fischmarkt und Neumühlen, wo einst alle Arten von Gütern umgeschlagen wurden, hat als Hafenplatz ausgedient. Heute reihen sich hier großzügig geplante Edelimmobilien wie das Dockland – als repräsentative Büros oder Bleibe begehrt

„An den Landungsbrücken raus, dieses Bild verdient Applaus", sang die Hamburger Kultband „Kettcar". Wie Recht sie hat! Bis heute weckt der Tuffstein-Bau Fernweh – und eröffnet von der Dachterrasse des „Hard Rock Cafés," das in Teile des einstigen Abfertigungsterminals der Bäderdampfer eingezogen ist, weite Ausblicke auf den größten deutschen Universalhafen, die neuen schlanken Türme der sogenannten Hafenkrone am Prallhang und den Stintfang mit U- und S-Bahn, Jugendherberge und einer Kuriosität: Der Elbe-Südhang gehört mit 100 Weinstöcken zu den nördlichsten Weinbergen Deutschlands.

Weinland mit Hafen

Beackert wird der Hang von Fritz Currle, Wirt auf dem Stuttgarter Weindorf, das im Sommer traditionell in Hamburg gastiert, und Winzer aus Leidenschaft. Nach der Lese im Spätherbst nimmt er die Trauben mit nach Stuttgart-Uhlbach, baut sie zusammen mit seiner Tochter Christel aus, zieht sie auf Flaschen und übergibt seine Cuvée aus rotem Regent und weißen Phönix-Trauben der Hamburger Bürgerschaftspräsidentin. Die schenkt die hanseatische Rarität bei angemessen herausragenden Gelegenheiten ausschließlich an Honoratioren der Stadt und an besondere Persönlichkeiten aus.

Die St. Pauli Landungsbrücken mit ihrem charakteristischen Uhrturm entstanden bis 1910 für den Hafen-, Unterelbe- und Seebäderverkehr.
Seit jeher bestimmt der Schiffbau das gegenüberliegende Ufer – im Dock das Cunard-Flaggschiff „Queen Mary 2"

Mit elegantem Schwung überspannt die Köhlbrandbrücke das gleichnamige Hafenbecken und wurde zu einem der Wahrzeichen der Hansestadt. 1974 eingeweiht, hat die Brücke ihre vorgesehene Lebensdauer längst überschritten – an Nachfolgern wird bereits geplant

Hamburg und Wein, das ist seit jeher ein inniges Thema. Nicht nur einige Dekaden, fast 800 Jahre alt zurück reicht die Tradition eines roten Tropfens aus der Hansestadt – des Rotspons. Bereits im 13. Jahrhundert segelten Hansekoggen im Auftrag Hamburger Kaufleute an die französische Atlantikküste, um in den Häfen von Nantes, La Rochelle und Bordeaux junge rote Bordeauxweine in 225 Liter fassenden Holzfässern aus französischer Eiche, den Oxhoften, an Bord zu nehmen. Die lange Seereise tat den Weinen nicht unbedingt gut ... Hamburgs Weinhandelshäuser beschäftigten daher ein Heer von fachkundigen Küfern und Kellermeistern, die die

Weine kunstvoll verbesserten und zur vollen Flaschenreife pflegten. Und zwar so gut, dass Bordelaiser Winzer bei Besuchen ihrer Hamburger Handelspartner eigene Weine nicht wiedererkannt haben sollen.

Bohnen hinter Backstein

Eine zweite gefragte Handelsware oder „commodity" erreichte Hamburg erst Anfang des 17. Jahrhunderts: Kaffee. Nicht zuletzt die wachsende Nachfrage nach der braunen Bohne, in deren Schlepptau auch der Kakao mitreiste, gab Ende des 19. Jahrhunderts den Ausschlag für den Bau des damals größten Lagerhauskomplexes der Welt: der

Das Speicherstadtmuseum am Sandtorkai berichtet von
der Arbeit auf den „Böden" der Lagerhäuser

Zu den wichtigsten Waren der Speicherstadt gehören Teppiche – rund ein
Drittel der weltweit gehandelten Schmuckstücke wechseln hier den Besitzer

Alle Gebäude der Speicherstadt haben Zugang zum Wasser
und an der gegenüberliegenden Seite Straßenanschluss

Speicherstadt, die mit ihren dicken Backsteinwänden klimatisch gleichmäßige Bedingungen für die Lagerung der empfindlichen Ware bot. Für den Bau der rund anderthalb Kilometer langen Anlage auf der Kehrwiederinsel wurden seinerzeit mehr als 20 000 Menschen zwangsumgesiedelt, die in den schnell hoch gezogenen Gründerzeitwohnungen nördlich des Eimsbütteler Hellkamps unterkamen.

Einzigartige maritime Industriearchitektur: Die Speicherstadt ist Welterbestätte.

Die Speicher dagegen erhielten von Oberingenieur Franz Andreas Meyer ein einheitliches neugotisches Backsteinäußeres, verziert mit Blendnischen, Türmchen, Friesen und Blendsteinen, die auf Initiative des Lichtkünstlers Michael Batz allabendlich illuminiert werden – besonders romantisch, wenn sich die Bauten in den Fluten der sechs Fleete spiegeln. Und noch immer sind an den wasserseitigen Fassaden Schuten vertäut, um die Ware aufzunehmen, die Quartiersleute über eine Winde von den „Böden" genannten Geschossen herab lassen. Denn noch ist der Nutzungswandel in der Speicherstadt nicht abgeschlossen. Und so residieren hier neben den Lofts und Büros der Kreativen die Händler, um Tabak, Kaffee, Kakao und Computer zu lagern. Bis heute birgt die Speicherstadt auch das größte Orientteppichlager der Welt.

Container von Geisterhand

1968 macht im Hamburger Hafen die „American Lancer" fest – und läutet ein neues Zeitalter ein: Der Frachter hat nicht mehr Stück- oder Sauggut an Bord, sondern erstmals genormte Container. Seither bestimmen die 20 oder 40 Fuß – sechs bzw. zwölf Meter – langen Stahlkisten den Warenumschlag – in Hamburg bereits zu zwei Dritteln. Denn sie

Am Hafengeburtstag gibt es Flottenbesuch
– gekleidet in Ausgehuniformen

Wenn maritime Schmuckstücke wie die „Queen Mary 2" Hamburgs
Cruise Center die Ehre geben, treibt es Tausende an die Elbe

Der Masten Wald – beim alljährlichen Hafengeburtstag Anfang Mai
ist er im Hamburger Hafen noch zu erleben

Schnäppchen und beste Unterhaltung – der Hamburger Fischmarkt
ist ein Magnet für Frühaufsteher und Nachtschwärmer

Natürlich hat der Hamburger Hafen unverändert große wirtschaftliche Bedeutung als Umschlagplatz. Er ist aber zugleich eine der größten Touristenattraktionen Norddeutschlands.

lassen sich samt Inhalt ganz einfach mit speziellen Kränen zum Weitertransport auf andere Schiffe, Lkw oder die Bahn umladen und beschleunigen die Arbeit im Hamburger Hafen enorm. Abgesehen von den Bereichen für Massengüter wie Erz und Getreide, Erdöl oder Gase haben die alten herkömmlichen Hafenanlagen längst ausgedient – sie könnten das hohe heutige Güteraufkommen auch nicht mehr bewältigen. Zudem ist der Alte Elbtunnel, zwölf Meter unter dem Elbpegel, den immer größer werdenden Containerschiffen im Weg.

Die Hafenwirtschaft zieht deshalb seit Jahren gen Süden und elbabwärts. 1968 eröffnete auf Waltershof das Container-terminal Burchardkai, zwei Jahre später sein Nachbar und Konkurrent Eurogate, 1977 gesellte sich Tollerort hinzu. Jahr für Jahr meldet Hamburg neue Rekord-zahlen. 2014 wurden mit 145,7 Millionen Tonnen im Hamburger Hafen so viele Güter umgeschlagen wie nie zuvor. Der Containerumschlag legte um 5,1 Prozent auf 9,73 Millionen TEU zu, wie der 20-Fuß-Standardcontainer international abgekürzt wird.

Aus für ein altes Dorf

Der Wandel der Hafenwirtschaft macht zahlreiche alte Hafenanlagen über-flüssig, das Nordufer der Elbe wird zu industriellem Brachland – und 30 Jahre nach dem ersten Container im Ham-burger Hafen zu einem städtebaulichen Experimentierfeld. Auch die Arbeitswelt hat sich verändert. Van Carrier, Kräne und Computer übernehmen das Ver-laden. In traditionellen Hafenberufen wie Stauer und Schauerleute, Tallymänner und Schutenkapitäne ist immer weniger zu tun; auch der Hamburger Schiffbau ist nur noch ein Schatten seiner selbst. Statt der einst täglich 30 000 Männer, die sich vom Nordufer der Elbe zu ihren Arbeitsplätzen übersetzen ließen, sind im gesamten Hamburger Hafen nur noch knapp 3000 „Hafenfacharbeiter" beschäftigt.

Und der Boom frisst immer mehr Land, ein Hafenerweiterungsplan jagt den nächsten. 1973 geriet ein kleines Fischer-dorf am Südufer in den Fokus: Alten-werder. Vergeblich wehrten sich seine Einwohner gegen die Räumung. Wer nicht freiwillig ging, wurde enteignet. 1997 verließ der letzte Bewohner sein Heim. 2002 nahm das Containerterminal Altenwerder seinen Betrieb auf. Zwischen Gebirgen aus Stahlboxen und riesigen Windrädern ragt ein verloren wirkender Backsteinbau auf: die klassizistische Kirche St. Gertrud, nurmehr Ort der Erinnerung zwischen dem weltgrößten Containerterminal und der Autobahn A 7.

ELBVERTIEFUNG

Ein Streitthema mit Tradition

Die Elbe ist Hamburgs Schicksalsstrom. Sie sorgt regelmäßig für Hochwasser in der Hansestadt, schleppt Schlick und Sand an – und ist die Lebensader des Hamburger Hafens. Zugunsten der Schifffahrt wird der Strom immer wieder ausgebaggert. Die neunte Elbvertiefung sorgt für Streit unter den norddeutschen Nachbarn.

Riesige stählerne Arme beugen sich über die Schiffe, wuchten Container um Container an den Kai. Fast zehn Millionen wanderten 2014 über die Kaikante, 146 Millionen Tonnen – plus zehn Prozent – wurden insgesamt umgeschlagen. Und der Hafen boomt weiter, hängte 2011 sogar die Konkurrenten Rotterdam und Antwerpen im Wachstum ab. Seit mehr als 800 Jahren ist er das Schwergewicht in der Wirtschaft der Hansestadt – steht für gut ein Sechstel der hamburgischen Wirtschaftsleistung und direkt wie indirekt für 250 000 Arbeitsplätze. Umschlagunternehmen und die städtische Hamburg Port Authority investieren daher wie noch nie in die langfristige Wettbewerbsfähigkeit. Doch die Groß-Terminals Altenwerder, Burchardkai, Tollerort und Waltershof sichern die Zukunft des Hafens nur, wenn die Riesenschiffe neuester Generation sie auch erreichen können. Denn anders als Dauerkonkurrent Rotterdam und der neue Mitbewerber JadeWeserPort bei Wilhelmshaven liegt Hamburg nicht am Meer, sondern ziemlich landein – 127 Kilometer sind es die Elbe hinauf.

Naturschützer engagieren sich für die Opfer der Vertiefungsmaßnahmen

Ursprünglich war Deutschlands drittlängster Strom gerade mal gut fünf Meter tief – heute beträgt seine Tiefe mehr als das Dreifache. Und doch ist Hamburg für die aktuellen Riesenfrachter mit mehr als 13,5 Meter Tiefgang unerreichbar. Selbst 12,5 Meter tief gehende Schiffe können nicht mehr voll beladen bzw. nur mit auflaufender Flut den Hafen erreichen. Eine neue Elbvertiefung muss her, fordert Hamburg daher und beantragte 2002 die neunte Ausbaggerung der Elbe auf maximal 19 Meter unter

Die Container sollen auf immer größer werdenden Schiffen an ihr Ziel (oben). Damit der Hafenbetrieb rund läuft, wird seit jeher gebaggert – auf der Elbe, aber auch in den Hafenbecken selbst (unten)

Fakten

Der Hamburger Hafen wird seit dem 15. Jahrhundert regelmäßig ausgebaggert. Die Fahrrinne der Elbe wurde seit 1818 acht Mal vertieft: 1818–1825 auf -5,4 m NN, 1850–1862 auf -6,7 m NN, 1909–1910 auf -9,4 m NN, 1922–1937 auf -11,4 m NN, 1957–1964 auf -12,4 m NN, 1964–1969 auf -13,4 m NN, 1974–1978 auf -14,9 m NN, 1998–1999 auf -16,8 m NN.

Befürworter: Hamburg Port Authority (www.hamburg-port-authority.de), Initiative Zukunft Elbe (www.zukunftelbe.de)
Kritiker: Regionales Bündnis gegen Elbvertiefung (www.wir-brauchen-keine-elbvertiefung.de), Förderkreis „Rettet die Elbe" (www.rettet-die-elbe.de)

Normalnull. Seitdem bombardieren sich Befürworter und Gegner mit Einwänden, Gutachten und Gegenargumenten.

Besonders Niedersachsen blockiert. Das Bundesland nennt Bedenken beim Deichschutz, um die Hanseaten im Gegenzug zur Kasse bitten zu können. Gelassen hingegen gibt man sich in Schleswig-Holstein. Bliebe der Küstenschutz gewährleistet, stimme man dem Projekt zu, das ja eine große Bedeutung für die norddeutsche Wirtschaft habe.

Bedenken allerorten

Erhebliche Bedenken hegen hingegen Schleswig-Holsteins Grüne und Umweltverbände. Sie glauben, die Elbvertiefung bringe erhebliche Beeinträchtigungen von geschützten Gebieten mit sich. Die Ausbaugegner fürchten auch immer höhere Fließgeschwindigkeiten, dadurch verursachte Verschlickung der Nebenflüsse und höhere Wasserstände. Während weltweit der Wasserspiegel im letzten Jahrhundert um 18 Zentimeter angestiegen ist, waren es in Hamburg-St. Pauli immerhin 56. Die große Hamburger Flut von 1962 – auch eine Folge der Fahrrinnenanpassung? Immer größere, schnellere Schiffe gefährden auch den Tourismus. Sie lassen nicht nur die Sportboothäfen an der Unterelbe kostentreibend verschlicken, sondern sorgen durch Sog- und Wellenschlag für Badeunfälle.

Natürlich wissen die Planer des Fahrrinnen-Ausbaus, welche Auswirkungen ihr Eingriff in den Fluss hat – und haben daher Kompensationsmaßnahmen vorgesehen: Ob 900 Hektar Ausgleichsfläche für Weißstorch, Nonnengans, Uferschnepfe, Wachtelkönig & Co. reichen, darüber muss das Bundesverwaltungsgericht in Leipzig entscheiden – die Voraussetzungen sind nach einem Grundsatzurteil des Europäischen Gerichtshofes zum Gewässerschutz nicht einfacher geworden. Die Hamburger machen sich derweil Mut mit dem Gedanken an Ausnahmeregelungen bei „übergeordnetem öffentlichen Interesse".

Ein Hafen zum Arbeiten und Feiern

„Haaafenrundfaaahrrrt!" brüllen an den Landungsbrücken Männer in Megafone und versuchen, Besucher zu einem Törn durch Deutschlands größten Universalhafen zu animieren. Der Faszination des Hamburger Hafens kann sich kaum jemand entziehen. Seit 827 Jahren ist er ein Tor zur Welt – und sein Geburtstag Anfang Mai der Welt größtes Hafenfest.

● Hamburger Hafen

Mit 74 km² nimmt der Hamburger Hafen – so groß wie die niedersächsische Stadt Cloppenburg beispielsweise – rund ein Zehntel des Stadtgebietes ein. Mit Ausnahme der Anleger für den Passagierbetrieb konzentriert sich das Hafengeschehen heute auf das Südufer der Elbe. Die ehem. Hafenbereiche am Nordufer sind als HafenCity und „Altonaer Perlenkette" revitalisiert. An 320 Schiffsliegeplätzen läuft der Umschlag rund um die Uhr; 38 davon sind Containerriesen und Massengutschiffen vorbehalten. Container stellen bereits zwei Drittel der Umschlagmenge von 146 Mio. Tonnen.

ST. PAULI LANDUNGSBRÜCKEN

Wasserbahnhof und Wahrzeichen zugleich: Der markante Tuffsteinbau der **TOPZIEL St. Pauli Landungsbrücken** ❶ mit seinen kupfernen

Unterwegs beim Hafengeburtstag (links und rechts)

Hafentour mit dem HVV

Tipp

Hautnah Hafenalltag erleben? Dafür genügt eine HVV-Tageskarte! Fünf Hafenfähren kreuzen von früh bis spät an den großen Pötten vorbei. Linie 61 (Landungsbrücken–Neuhof und zurück) lockt mit dem Blick auf die Köhlbrandbrücke. Linie 62 (Sandtorhöft–Landungsbrücken–Finkenwerder und zurück) fährt von der HafenCity am Oevelgönner Ufer entlang und auf die andere Elbe bis fast ins Alte Land. Weiter nach Teufelsbrück geht es mit der Linie 64. Nur werktags verkehrt die Linie 73 (Landungsbrücken–Oderhöft) und bringt Zuschauer zum Theater im Hafen. Mo.–Fr. verbindet die Linie 75 die Landungsbrücken mit Steinwerder. Eine romantische Tour zwischen Blankenese und dem Alten Land bietet die Elbfähre Cranz–Blankenese.

Kuppeln, dem Glocken- und dem Pegelturm wurde 1909 als Empfangsgebäude für den Nordsee- und Bäderverkehr erbaut. Zehn Brücken führen hinab zum 700 m langen Schwimm-Ponton, von dem heute die Hafenrundfahrten, die HADAG-Hafenfähren und der Halunderjet nach Helgoland ablegen. Am Kai konkurrieren Souvenirshops, Krabbenbrötchen und Kutterscholle (www.stpauli-landungsbruecken.de); im Empfangsgebäude lockt die Dachterrasse des „Hard Rock Café Hamburg" mit Panoramablick.
Eine Fußgängerbrücke verbindet den Schiffsbahnhof mit der gleichnamigen S- und U-Bahnstation, die sich an den Stintfang mit Weinberg und Jugendherberge schmiegt.

WEITER NACH WESTEN

Im Westen enden die Landungsbrücken am **Alten Elbtunnel** (1911), bei seiner Einweihung die erste Flussunterquerung des Kontinents. Vier Fahrkörbe transportieren seither Fußgänger und Fahrzeuge in fast 24 m Tiefe, wo zwei 426,5 m lange, gekachelte Röhren zur Werft-

insel Steinwerder führen (Fußgänger, Radfahrer durchgängig; Autos Mo.–Fr. 5.30–20.00 Uhr). Eine Straße mit bewegter Historie verbindet Elbtunnel und Fischmarkt: die **Hafenstraße,** in den 1980er/1990er-Jahren mit Straßenkämpfen und Polizeieinsätzen immer gut für Schlagzeilen. Heute erinnern bunte Fassaden an die wilde Zeit der Hausbesetzungen.
Südseefeeling am Elbstrand bieten der „Dock 3 Beachclub" (www.dock3beachclub.de) und „Hamburg Del Mar" (www.hamburg-del-mar.de) auf dem Parkdeck der Landungsbrücken. Marktschreier wie Aale-Dieter, die So. von 5.00 bis 9.30 Uhr ihren frischen Fisch wortgewaltig unter die Massen bringen, machten den **TOP-ZIEL Altonaer Fischmarkt** ❷ zur Attraktion für Touristen und Nachtschwärmer. In der Fischauktionshalle, von Kaiser Wilhelm II. 1896 persönlich eingeweiht, wird zur Marktzeit ein „Fischmarkt-Frühstück" mit Live-Musik serviert. In der ehem. Mälzerei Naefeke (1910) eröffnete

1996 das **Stilwerk,** Norddeutschlands größtes Zentrum für Design-Freunde. Auf dem Weg nach Neumühlen berichtet die **FrauenFreiluft Galerie** mit großformatigen Wandbildern von der Frauenarbeit im Hafen (www.frauenfreiluft galerie.de). In den flachen Zeilenbauten des Altonaer Fischereihafens verkauft Hummer Pedersen seit mehr als 100 Jahren fangfrische Ware. Fischhändler servieren die Delikatessen vor Ort – als Fischbrötchen oder maritimen Gourmet-Teller mit Blick auf die Traumschiffe, die am **Cruise Center Altona** ❸ festgemacht haben. Wie ein Schiffsbug schiebt sich das Bürogebäude **Dockland** (2005; www.dockland-hamburg.de) ins Blickfeld – von der Dachterrasse in 40 m Höhe lässt sich ein 360°-Panorama genießen! Nach Süden bis zur grazil geschwungenen **Köhlbrandbrücke** ❺, die seit 1974 den Hafen mit dem Containerterminal Waltershof verbindet.

Blicke auf den Containerumschlag am Athabaska-Kai auf der gegenüberliegenden Elbseite bietet die Elbuferpromenade Neumühlen, die am immer zugänglichen **Museumshafen Oevelgönne** ❹ (www.museumshafen-oevelgoenne.de) endet. Neben historischen Schiffen wie dem Hochseefischkutter „Präsident Freiherr von Maltzahn" (1928), dem Plattbodenschiff „Hoop of Weltfart" (1883), Ewern als typischen Vertretern der Elbe-Kleinschifffahrt (um 1905),

Tipp

Wie einst bei Muttern

Der Bau hat schon etwas Schlagseite: Die Oberhafen-Kantine (1925) gilt als letztes erhaltenes Beispiel expressionistischer Gebrauchsarchitektur im Hafen. Wo 72 Jahre lang Anita die Frikadellen für die Hafenarbeiter mit der Hand rollte, Mutter Mälzer ihre Kult-Currywurst briet, kommt heute Weißwurst auf den Teller.

INFORMATIONEN
Oberhafen-Kantine, Stockmeyerstraße 39, Tel. 04 03 28 09 98 4, www.oberhafen kantine-hamburg.de; Mo.–Sa. 12.00–22.00 Uhr, So. 12.00–20.00 Uhr

Blick auf Hamburgs Museumshafen mit „Cap San Diego" und „Rickmer Rickmers" (oben). Frühschoppen in der Altonaer Fischauktionshalle (unten)

können u. a. das Feuerschiff „Elbe 3" (1888), der funktionsfähige Dampfeisbrecher „Stettin" (1933), die Zollbarkasse „Präsident Schaefer" (1925) zeitweise besichtigt werden. Aktionstage sind dank der typisch rauhen Dampftuten unüberhörbar. Zurück zu den St. Pauli Landungsbrücken schippert die HADAG-Hafenfähre 62.

WEITER NACH OSTEN
Richtung Baumwall sind zwei Museumsschiffe vertäut. Amerika und Ostasien waren die Ziele der stählernen Dreimastbark **Rickmer Rickmers** (Landungsbrücken, Ponton 1a, Tel. 040 319 59 59, www.rickmer-rickmers.de; tgl. 10.00–18.00 Uhr), die 1896 in Bremerhaven vom Stapel lief. Der Stückgutfrachter **Cap San Diego** (Überseebrücke, Tel. 040 36 42 09, www.capsandiego.de; tgl. 10.00–18.00 Uhr) holte bis 1986 Kaffee, Kühlfleisch und Süßöl aus Südamerika. Heute kann, wer mag, in den früheren Passagierkabinen mitten im Hamburger Hafen übernachten!

Der **City-Sportboothafen** ❽ (www.city-sport hafen-hamburg.de), Gastliegeplatz für Motor- und Segeljachten, wandelt sich während der herbstlichen internationalen Bootsmesse „hanseboot" zur schwimmenden Ausstellungsfläche. Aus dem Mastengewirr ragt signalrot das **Feuerschiff LV 13** (1952; Vorsetzen, Tel. 040 36 25 53, www.das-feuerschiff.de), das 36 Jahre lang vor der englischen Küste als Seezeichen im Einsatz war und heute seine Gäste mit Cocktails, Jazz-Frühschoppen und kuscheligen Kojen begeistert. Einzigartig in Deutschland ist auch Hamburgs **Flussschifferkirche** (Hohe Brücke 2, Tel. 040 78 36 88, www.fluss schifferkirche.de).

Disneys „Der König der Löwen" wird vom **Theater im Hafen** ❼ im Zelt auf Steinwerder gegeben; in direkter Nachbarschaft zeigt das **Theater an der Elbe** „Das Wunder von Bern" (www.stage-entertainment.de). Mit dem **Mehr! Theater** ❿ eröffnete in den ehem. Großmarkthallen die dritte Musicalbühne im Hamburger Hafen (www.mehr.de).

MUSEEN
Wie der Tallyman zählte, was Van Carrier sind und was Hafenarbeit einst war, verrät das **Hafenmuseum Hamburg** ❻ im Schuppen 50A. An seinem Museumskai sind vertäut der Schwimmkran „Saatsee" (1917), der Schutendampfsauger „Sauger IV" (1909), die Kastenschute „H 11347" (1913), die im Laderaum eine

Ausstellung über die Ewerführerei zeigt, und der 1958 gebaute Stückgutfrachter „Bleichen" (Australiastraße, Tel. 040 73 09 11 84, www. hafenmuseum-hamburg. de; Mitte April–Okt. Di.–So. 10.00–18.00 Uhr. Tipp: mit der Maritime Circle Line, www.maritime-circle-line.de, von den Landungsbrücken, Brücke 10, direkt zum Museum schippern). Das **U-Boot-Museum U-434** zeigt am Fischmarkt-Anleger ein ehem. sowjetisches U-Boot aus den 1970er-Jahren, das bis 2002 im Dienst war (St. Pauli Fischmarkt 10, Tel. 040 32 00 49 34, www.u-434.de; Mo.–Sa. 10.00–18.00 Uhr, So. 11.00–20.00 Uhr).

● Speicherstadt

Die Speicherstadt, nunmehr UNESCO-Welterbestätte, war bei ihrer Fertigstellung 1927 mit mehr als 300 000 m² Fläche größter Lagerhauskomplex der Welt. Heute ist neues Leben in die alten Mauern eingezogen, lockt das Quartier mit Hafenromantik, Museen und Lifestyle.

SEHENSWERT
Die **TOPZIEL** Speicherstadt ❾ (1885–1927) lässt sich von Land und zu Wasser besichtigen – die Fahrpläne der Barkassen richten sich nach der Tide. 20 Brücken über sechs Fleete bieten immer wieder neue Blicke auf die Backsteinspeicher und das einstige **Hafenrathaus,** wie der 1903 eingeweihte Firmensitz der Hamburger Hafen- und Lagerhaus AG (HHLA) am St. Annenfleet im Volksmund genannt wird. Romantisch präsentiert sich der 1,5 km lange Backsteinkomplex auf den ehem. Elbinseln Kehrwieder und Wandrahm bei der abendlichen Illumination von Michael Batz. Mit einem markerschütternden Schrei beginnt im Juli und Aug. das Mysterienspiel des **Theaters in der Speicherstadt** um die Seele des Hamburger Jedermann (www.speicherstadt.net/stueck.html).

Plüschig-schick ist das **Kehrwieder Theater,** das mit Comedy, Kabarett und Konzerten unterhält (Kehrwieder 6, Tel. 040 31 18 63 81, www.stage-entertainment.de). In die Welt der braunen Bohne entführen die Kaffeeverkostungen der **Speicherstadt Kaffeerösterei** (Kehrwieder 5, Tel. 040 31 81 61 61, www.speicherstadt-kaffee. de; Mo.–So. 10.00 bis 19.00 Uhr). Das „Fleetschlösschen", einst Kaffeeklappe der Hafenarbeiter, ist heute Treffpunkt der kreativen Szene (Brooktorkai 17, Tel. 040 30 39 32 10, www.fleetschloesschen.de; tgl. 8.00–20.00 Uhr).

MUSEEN

Klaus Störtebeker und der Klabautermann, Schwarzer Tod und Großer Brand: Die gruseligsten Ereignisse aus der Hamburger Geschichte werden im **Hamburg Dungeon** so packend in Szene gesetzt, dass ein Besuch unter die Haut geht – und erst Kindern ab 10 Jahren empfohlen wird (Kehrwieder 2, Tel. 040 36 00 55 00, www.thedungeons.com; tgl. 10.00–18.00/19.00 Uhr). Selbst Allerjüngste werden indes vom **Miniatur Wunderland Hamburg** begeistert sein: Die mit 930 Zügen, 12 km Gleislänge größte digitale Modelleisenbahn der Welt zeigt im 15-minütigen Wechsel von Tag und Nacht Hamburg, „Knuffingen" samt Airport, Mitteldeutschland, Österreich, Amerika, Skandinavien und die Schweiz im Maßstab 1: 87 (H0). Und die Anlage wächst weiter – es sollen Italien, Frankreich, England und Afrika hinzukommen (Kehrwieder 2, Tel. 040 300 68 00, www.miniatur-wunderland.de; Übersicht der Öffnungszeiten im Internet, Kernzeit tgl. 9.30–18.00 Uhr; Tipp: Online-Ticketkauf verkürzt die Wartezeit). Wie einst Waren aus aller Welt umgeschlagen und gelagert wurden, verrät das **Speicherstadtmuseum** mit dem Café „Kaffeeklappe" – so wurden die Kantinen der Hafenarbeiter genannt (St. Annenufer 2, Tel. 040 32 11 91, www.speicherstadtmuseum.de; April–Okt. Mo.–Fr. 10.00–17.00, Sa. und So. 10.00–18.00, sonst Di.–So. 10.00–17.00 Uhr). In **Spicy's Gewürzmuseum** (Am Sandtorkai 32, Tel. 040 36 79 89, www.spicys.de; Di.–So. 10.00–17.00 Uhr, Juli bis Okt. auch Mo.) gibt es eine Gewürzprobe als Eintrittskarte, anschließend wird die Reise durch die Welt der Gewürze zum Erlebnis für alle Sinne. Der Zollkreuzer „Oldenburg", vor dem ehem. Zollamt Kornhausbrücke vertäut, ist Wahrzeichen des **Deutschen Zollmuseums** (Alter Wandrahm 16, Tel. 040 428 20 39 11, www.museum.zoll.de; Di.–So. 10.00–17.00 Uhr), das die Geschichte von Schmuggel und Markenpiraterie seit der Antike Revue passieren lässt. 3000 Jahre Schifffahrts- und Marinegeschichte dokumentiert im alten Hafenspeicher B das **Internationale Maritime Museum Hamburg** ❿, dessen Grundstock Peter Tamm zusammengetragen hat: 26 000 Schiffsmodelle, 50 000 Konstruktionspläne, 1,5 Mio. Fotos, 2000 Filme, aber auch nautisches Gerät, Flaggen, Uniformen und andere maritime Exponate (Koreastraße 1, Tel. 040 30 09 23 00, www.internationales-maritimes-museum-hamburg.de; Di.–So. 10.00–18.00 Uhr).

Genießen   Erleben   Erfahren

Sturz in die Tiefe

DuMont
Aktiv

Das ist Nervenkitzel pur: ein Bungee-Sprung vom Hafenkran. Schon die Aussicht treibt Adrenalin durch den ganzen Körper – mit 50 m Höhe überragt der Hafenkran um Längen die unterhalb vertäuten Schiffe und bietet eine unverstellte Sicht auf die Skyline von Hafen und Stadt.

250 Tonnen wiegt der graue Koloss an der Kaikante des Baakenhafens. Über steile Treppen und mehrere Zwischenpodeste geht es hinauf zur Plattform in 25 m Höhe, von dort aus weitere 25 m hinauf in die Spitze des Krans. Schwindelerregend ist der Blick auf die Schiffe, Schuppen und Kais. Der Puls rast. Mit geübten Händen befestigt ein Mitarbeiter das Fußgeschirr. Von hier oben springen? Wer es wagt, braucht eine gehörige Portion Selbstüberwindung. Doch dann drückt sich der Fuß wie zum klassischen Kopfsprung von der Bungee-Platt-

form ab, den Kopf in den Nacken, die Arme zur Seite: von 0 auf 100 km/h in zwei Sekunden! Der Körper wird schwerelos, der Kopf frei. Am Umkehrpunkt bremst das Gummiseil vorsichtig ab, jetzt geht es himmelwärts – und dann wieder abwärts. Ganz Mutige können den Sprung mit einem Wasser-Dip krönen, einem sekundenschnellen Bad im Elbwasser. Mit einer Stange, die man ergreift, geht es zurück an Land. Noch lange lässt der gigantische Sprung den ganzen Körper kribbeln.

Damit das Gummiseil die erforderliche Elastizität besitzt, werden die Bungee-Sprünge nur in der warmen Jahreszeit von Mai bis Sept. angeboten. Wer springen möchte, muss mindestens 16 Jahre alt sein, zwischen 50 und 120 kg wiegen und legere Kleidung sowie Schuhe mit flachen Sohlen und freiem Knöchel tragen.

Weitere Informationen

Veranstalter des Bungee-Jumping im Hamburger Hafen ist Jochen Schweizer, der den spektakulären Sprung auch als Geschenk-Gutschein anbietet. Der Sprung kostet 100 € und dauert inkl. der notwendigen Vorbereitungen rund 1,5 Std. (Versmannstraße 23, 20457 Hamburg, www.jochen-schweizer.de).

Urbane Visionen

Hamburg, wachsende Stadt. Was vor knapp zehn Jahren als ehrgeiziger Senatsplan und Antwort auf den weltweiten Standortwettbewerb beschlossen wurde, geht heute auf: Die Bevölkerungszahl steigt. Der Hafen boomt. Jahr für Jahr düpiert Hamburg mit wirtschaftlichen Spitzenwerten die restliche Republik. Und für junge Talente aus aller Welt ist Hamburg die coolste Stadt in good old Germany.

Das Unilever-Haus am Kreuzfahrtterminal gilt als Vorbild nachhaltigen ökologischen Bauens. Sein Langnese-Café hat einen herrlichen Blick

Die Cafeteria des „Spiegel" nimmt die Gestaltung der alten denkmalgeschützten Spiegelkantine auf

Auch der „Spiegel" ist in die HafenCity
gezogen. Sein Domizil steht an der Ericusspitze

Mittagspause in der „KaiserPerle" am Kaiserkai

Mit der Entwicklung eines neuen City-Raumes setzt Hamburg mindestens europaweit neue Maßstäbe.

Aus einer Selbstdarstellung der HafenCity Hamburg GmbH

Die Aufbruchstimmung verändert das Stadtbild. Was als Vision bereits in den 1960er-Jahren angedacht wurde, wird jetzt umgesetzt: die Umwandlung urbaner Brachen in lebenswerte Stadtquartiere. Im Zentrum des Umbruchs stehen einstige Hafenflächen und Areale im Süden der Elbmetropole.

Direkt an der Elbe und mitten in Hamburg nimmt das größte innerstädtische Bauprojekt Europas immer mehr Gestalt an – die HafenCity. Mit 157 Hektar ist Hamburgs jüngster Stadtteil fast 14-mal so groß wie der Berliner Potsdamer Platz. Voller Leben und Flair sind bereits Sandtorkai, Dahlmannkai und das Übersee-

quartier – die östlichen Bereiche mit dem Baakenhafen und der U-Bahn-Verlängerung bis zu den Elbbrücken sollen bis 2025 sukzessive folgen.

Das neue Viertel am Nordufer der Elbe entsteht nicht auf der „grünen Wiese", sondern in einem Gebiet, das schon immer Stadtgebiet war. Die Wurzeln bewahren und Zukunft wagen, ist daher auch Leitidee der Architektur in der HafenCity. Historische Hafenbecken, Kaimauern, Kräne und Brücken kontrastieren mit neuen Häusern. Straßennamen wie Osaka-Allee, Magellan-Terrassen, Marco-Polo-Platz und Koreastraße erinnern an weltweite Verbindungen, Denkmäler an die turbulente

Teilweise zeigt die HafenCity enge Häuserschluchten, teilweise großzügige Weite
wie hier im Sandtorpark bei den Magellan-Terrassen

Am Hafengeburtstag ergibt sich dieser Blick über den CitySporthafen hinüber zur Elbphilharmonie,
Hamburgs wohl kostspieligster (nun nahezu fertiggestellter) Baustelle

HafenCity international: Indisches von
„Chutney" in der Markthalle am Sandtorkai

Der Sandtorhafen, vor gut 100 Jahren modernste Hafentechnologie,
ist heute Wohnquartier mit Traditionsschiffhafen

Auswanderer

Special

Aufbruch in die neue Welt

Sie flohen vor Hunger, Armut, Krieg und Unterdrückung: Für fast fünf Millionen war Hamburg von 1850 bis 1934 ihr Tor zur Welt.
Bei der Ahnensuche der Auswanderer hilft ein einzigartiges Archiv: Nur in Hamburg sind sämtliche Personalien der Passagiere erhalten – 550 Bände umfassen die Auswandererlisten, die auch die Vorfahren von Barbra Streisand, Kirk Douglas und Woody Allen enthalten. Sämtliche Listen wurden digitalisiert und auf www.ancestry.de ins Internet gestellt. In den einstigen Auswandererhallen, die HAPAG-Direktor Albert Ballin 1901 auf der Veddel als größtes Gasthaus der Welt errichten ließ, dokumentiert die BallinStadt das Emigrantenleben. Drei rekonstruierte Wohn- und Schlafpavillons und eine teilweise interaktive Ausstellung laden ein, die Stationen der Auswanderung mitzuerleben: vom Aufbruch und der Überfahrt bis zur Ankunft auf Ellis Island und dem

New York in der BallinStadt

neuen Leben in den USA. Mitgenommen nach Übersee wurden Erinnerungen an den klassischen Hamburger Mittagssnack, den Ballin während der Wartezeit auf die Abreise tagaus, tagein servieren ließ: „Rundstück warm" – ein aufgeschnittenes Brötchen, gefüllt mit einem Stück Braten oder einer warmen Frikadelle. Als „Hamburger Beef" tauchte es 1876 erstmals auf der Speisekarte eines New Yorker Restaurants auf.

Geschichte. Besonders rigoros ging es zur Zeit der Hanse zu. Die private Vereinigung von Kaufleuten und Kapitänen musste sich immer wieder gegen die Übergriffe von Seeräubern schützen. Gefangen, wurden Godeke Michels und Klaus Störtebeker 1401 enthauptet. In Scharen pilgerte das Volk zur Hinrichtungsstätte am Grasbrook, damals eine sumpfige Insel vor den südlichen Stadtmauern, heute im Herzen der HafenCity, wo auf dem Spielplatz „Schatzinsel" Kinder zu Seeräubern werden – im Schatten der Statue Störtebekers.

So grausam wird heute nicht mehr gegen Unbequeme vorgegangen, doch jede Kritik, die zum Hamburger Prestigeprojekt laut wird, sofort abgebügelt. Als der renommierte Stadthistoriker Hermann Hipp 2007 äußerte, die HafenCity sei eine „an den Haaren herbeigezogene Kopfgeburt" mit „langweiligen Gebäuden", konterte Oberbaudirektor Jörn Walter umgehend: „Ich bin felsenfest überzeugt, dass wir hier weltweit das beste Projekt seiner Art realisieren werden. Wir bauen hier Stadt – und nicht einzelne Häuser." Jahre später scheint es, als habe Walter Recht behalten: Die HafenCity funktioniert – als Quartier zum Leben, Wohnen und Arbeiten, das längst auch Szenegänger, Nachtschwärmer und Künstler anzieht.

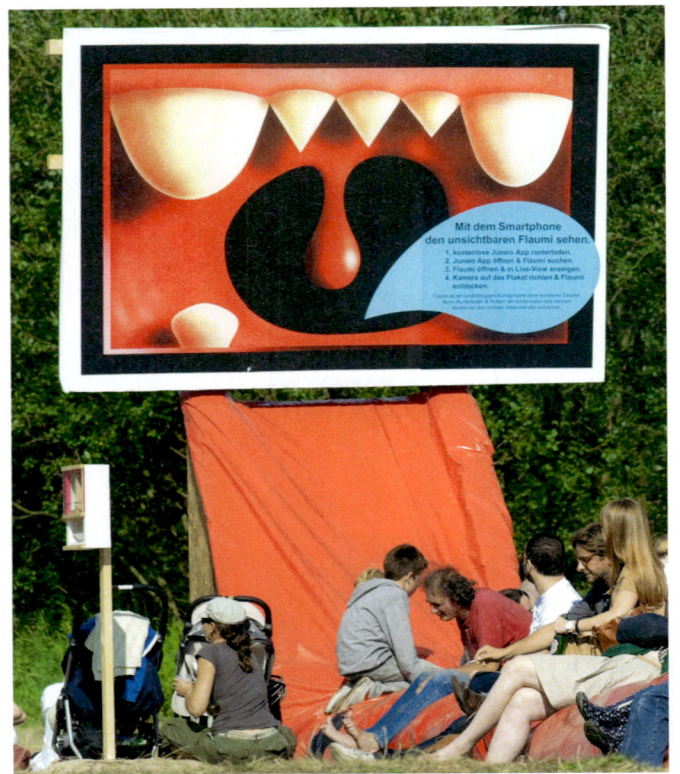

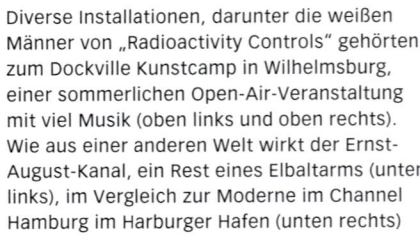

Diverse Installationen, darunter die weißen Männer von „Radioactivity Controls" gehörten zum Dockville Kunstcamp in Wilhelmsburg, einer sommerlichen Open-Air-Veranstaltung mit viel Musik (oben links und oben rechts). Wie aus einer anderen Welt wirkt der Ernst-August-Kanal, ein Rest eines Elbaltarms (unten links), im Vergleich zur Moderne im Channel Hamburg im Harburger Hafen (unten rechts)

Wilhelmsburgs Wiedergeburt

Zweites Großprojekt der Stadterneuerung ist die Elbinsel Wilhelmsburg, die
bis heute ihren schwersten Schicksals-
schlag nicht vergessen hat: 1962 ließ die
„große Flut" Straßen und Häuser im Elbwasser versinken. Im Schutz der nun
von fünf auf acht Meter erhöhten Deiche
wurden Großwohnsiedlungen wie Kirch-
dorf-Süd hochgezogen, um den nach
Hamburg strömenden Gastarbeitern aus
der Türkei ein Heim zu geben. Binnen
weniger Jahre wandelte sich das Arbeiterviertel zum Wohngetto der Immigranten, verschwanden Gemüsefelder
und Milchhöfe unter der Spitzhacke.
Wilhelmsburg wurde sozialer Brennpunkt – in „Nordsee ist Mordsee" brachte
der Hamburger Filmemacher Hark
Bohm die Probleme und Sorgen von
Jugendlichen einer Wilhelmsburger Tra-
bantensiedlung auf die Leinwand. 40
Jahre später drehte der Deutschtürke
Fatih Akin in einer Wilhelmsburger
Industriehalle den Kultstreifen „Soul
Kitchen". Nach Ottensen, der Schanze
und St. Georg befindet sich nun Wilhelmsburg im Sog der Gentrifizierung –
ausgelöst durch Hamburgs Leitbild des
„Sprungs über die Elbe".

Mit maritimem Flair

Auch Harburg, flächenmäßig größter Bezirk Hamburgs mit rund 200 000 Ein-
wohnern, befindet sich tief im Strukturwandel. Wo 1297 mit der Gründung der
Horeburg ein konkurrierender Hafenplatz angelegt wurde, Jahrzehnte lang
Gummi, Kautschuk und Palmöl die
Wirtschaft bestimmten, gab dessen
Krise in den 1970er-Jahren den Startschuss. Im Harburger Binnenhafen
haben die Änderungen bereits Gestalt
angenommen – und im Channel
Hamburg Technologieunternehmen und
Wohnprojekte am Wasser frischen
Wind in alten Backstein gebracht. Auch
die nahe Harburger Schlossinsel wird
sich wandeln: In der Balance Bay werden
nur wenige Schritte Bett und Bootssteg
trennen.

ALTES LAND

Europas Obstplantage am Elbstrom

Umgeben von Wiesen und Wasserläufen, erstreckt sich hinter schützenden Deichen
im Mai ein Meer aus rosa und weißen Blüten, das den Sommer über leckeren Kirschen,
Äpfeln und Birnen weicht: Willkommen im Alten Land, Europas größtem
Obstbaugebiet vor den Toren Hamburgs.

Wann ist das Alte Land am schönsten? Im Frühjahr, wenn die Kirschen mit ihren zarten weißen Blüten blühen, ehe die Apfelbäume das Land mit einem rosafarbenen Schimmer überziehen und in Jork das Altländer Blütenfest mit Blütenkorso, Krönung der Blütenkönigin und Feuerwerk gefeiert wird? Oder im Sommer, wenn Anfang Juni die Altländer Kirschwochen einladen, diese leckeren Früchte zu kosten oder selbst zu pflücken? Andere bevorzugen für ihren Besuch den Herbst, wenn die Obstbauern ihre Höfe öffnen, mit dem Apfelkistenexpress durch ihre Plantagen tuckern und ihren Gästen Wissenswertes vom Obstbau erzählen. Und selbst im Winter ist das Alte Land ein Ort voller Zauber und Romantik, wenn Eisschollen auf der Elbe treiben, Schnee die Deiche bedeckt, der Frost die Obstbäume in funkelnde Skulpturen verwandelt und alte Fachwerkhäuser wohlige Wärme ausstrahlen.

Hinter schützenden Deichen

Obstmarschen und altes Fachwerk: Beides gäbe es ohne die Deiche nicht – und ohne die Holländer nicht heute das ehrgeizige Ziel, als Welterbe bei der UNESCO anerkannt zu werden. Sie waren es, die im 12. und 13. Jahrhundert das Sumpfland in eine Kulturlandschaft verwandelten und das 170 Quadratkilometer große Areal der heutigen niedersächsischen Kommunen Jork, Lühe und Rübke und der Hamburger Stadtteile Francop, Neuenfeld und Cranz eindeichten und entwässerten. Sie legten die für das Alte Land typischen Marsch- und Deichhufendörfer an, überbrückten die Wasserläufe mit Zugbrücken und waren als freie Siedler selbst für die Entwässerung der tief liegenden Polder zuständig.

Wohlstand dank Obstbau

Das milde Kleinklima am südlichen Elbufer begründete den Obstbau, der sich bis immerhin 1320 zurückverfolgen lässt und bis heute für Wohlstand in der Region sorgt. Immer reicher, immer prunkvoller wurden die Fach-

werkhäuser geschmückt – mit Buntmauerwerk in Rot und Weiß, grünen Fensterkreuzen, aufwändigen Schnitzereien und Prunkpforten. Und auch auf dem Dach unterscheiden sich die bis heute meist mit Reet gedeckten Altländer Häuser von den sonstigen Niedersachsenhäusern: Als Giebelzier dienen keine dunklen geschnitzten (sächsischen) Pferdeköpfe, sondern weiße Schwäne – auch sie sollen auf die Holländer zurückgehen.

Die zehn Pfarrkirchen des Alten Landes bergen einen einmaligen Bestand an Orgeln aus dem Vorbarock und Barock. In Neuenfelde lebte und arbeitete im 17. Jahrhundert ein Mann, der als Meister des norddeutschen Orgelbaus gilt: Arp Schnitger – sein Orgelbauernhof, seine Orgeln im Alten Land und sein Grab an der Neuenfelder St. Pankratiuskirche sind bis heute Pilgerstätten für Orgelbauer und Kirchenmusiker aus aller Welt.

Dieses Kulturerbe mit mehr als 4000 Denkmälern und einer einmaligen bäuerlichen Tradition als Welterbe zu schützen, ist Ziel eines rührigen Vereins, der vom Land Niedersachsen Unterstützung erhält. Hamburg hält sich zurück – zu groß sind die Bedenken, ein Welterbe-Status südlich der Elbe könnte sich nachteilig für die Wirtschaft auswirken. Und auch unter den Obstbauern ist die Begeisterung eher verhalten.

Die Altländer Blütenkönigin wird zur Obstblütenzeit gekrönt und zeigt sich selbstverständlich in Tracht (oben). Die üppige Apfelblüte lässt eine gute Ernte erhoffen (unten)

Der Reichtum des Alten Landes ist seit Jahrhunderten an unzähligen Obstbäumen zu finden.

Typisch Altes Land: Prunkpforte in Grünendeich (oben links), Galerie-holländer-Windmühle in Borstel (rechts) und die Arp-Schnitger-Orgel in der Kirche St. Pankratius in Neuenfelde (unten links)

Fakten

. . . .

Anfahrt

Mit Bahn und Bus: Vom Hamburger Hauptbahnhof fährt die S-Bahn S 3 nach Buxtehude, wo es mit dem Bus 2031 weiter nach Jork geht. Oder mit der S 3 bis Stade und dem Bus 2357 nach Cranz oder dem Bus 2006 zum Lühe-Anleger.
Mit dem Schiff: Von den Hamburger Landungsbrücken fährt die HADAG-Linie 62 nach Finkenwerder. Vom Anleger Blankenese setzt eine Elbfähre via Neuenfelde nach Cranz über. Von April bis Okt. schippert am Wochenende und an Feiertagen auch die HADAG-Fähre „Stadersand" von den Landungsbrücken zum Lühe-Anleger (www.hadag.de).
Fahrräder dürfen im HVV in Bahnen und Fähren sowie vielen Buslinien 9.00–16.00 und nach 18.00 Uhr, an Wochenenden sogar ganztägig kostenlos mitgenommen werden.

Auskunft

Tourist-Information Altes Land, Osterjork 10, 21635 Jork, Tel. 04162 91 47 55, www.tourismus-altesland.de

Möglichst nicht mit dem Auto

Welchen Weg man auch immer nimmt – tun Sie es zu Fuß oder per Fahrrad! Elb-, Lühe- und Estedeich laden zu ausgedehnten Spaziergängen ein. Besonders schön lässt sich die Obstblüte in der Ortschaft Höhnen bei Grünendeich beobachten. An der Windmühle Aurora in Jork-Borsel beginnt die 47 Kilometer lange Radrundtour R11, die entlang an den Obstplantagen zum Lühe-Anleger führt. Vorbei an Ladekop und Dammhausen geht es weiter nach Buxtehude, am Estedeich nach Moorende und durch das beschauliche Estebrügge via Königreich und Hinterbrack wieder zurück.

Eine üppige Obstblüte verheißt im
Alten Land Wohlstand, der sich in
prächtigem Fachwerk widerspiegelt

Aufbruch zu neuen alten Ufern

Wo jahrzehntelang Hafenszenerien mit Schuppen, Kränen und Hafenbecken das Bild bestimmten, wo die nicht mehr gebrauchten Hafenarbeiter ihr Zuhause hatten, entstehen Lebensräume für eine wieder wachsende Stadt: auf dem Grasbrook, in Wilhelmsburg, auf der Veddel und in Harburg, das gefühlt für die meisten Hamburger nicht zur Hansestadt gehört. Es ist wieder schick, am Wasser zu wohnen.

❶ HafenCity

Am alten Nordufer des Hafens, wo noch vor wenigen Jahren Waren aus aller Welt entladen wurden, errichtet Hamburg auf 157 ha einen völlig neuen Stadtteil: die HafenCity – Europas größtes innerstädtisches Bauprojekt und mittlerweile ein angesagtes Erlebnisviertel.

SEHENSWERT

Das Wahrzeichen der westlichen HafenCity ist unübersehbar die **Elbphilharmonie**, seit 2007 auf den Resten des Kaispeichers A im Entstehen und fortwährender Zankapfel in der Hansestadt: Nicht nur, dass die Kosten ungehemmt steigen, auch der Fertigstellungstermin musste immer wieder verschoben werden – 2017 ist mittlerweile Planziel. Bereits 2016 wird die Aussichtsplattform Elphi zugänglich sein. Spektakulär wie die Akustik der Konzerthalle ist ihre Fassade – aus 1089 Glaselementen zusammengesetzt. Einen Vorgeschmack auf das Musikprogramm vermitteln die Elbphilharmonie-Konzerte, Einblicke in Bau und Programm der Pavillon Elbphilharmonie (Magellan-Terrassen, Tel. 040 43 28 39 28, www.elbphilharmonie.de). Im **Sandtorhafen**, Hamburgs erstem künstlich angelegten Hafenbecken (1860), wecken drei restaurierte Hafenkräne und die 380 m lange, geschwungene Pontonanlage des Traditionsschiffhafens, an der während des Sommers

Die „Cap San Diego" vor der Elbphilharmonie (links). Einst ein Ort mancher Abschiedsträne: Kehrwiederspitze (rechts)

alte Dampfer und Segler festmachen, maritime Nostalgie. Das Hafenbecken endet an den **Magellan-Terrassen**, im Sommer Treffpunkt der Skater und Bühne für Straßentheater, Lesungen, Kleinkunst und Konzerte. Jenseits des Großen Grasbrook wurde der hügelige **Sandtorpark** mit 20 Jahre alten Sumpfeichen, Esskastanien, Magnolien, Amberbäumen und weiß blühenden Zierkirschen als erste Grünfläche der HafenCity eingeweiht. Größter Aussichtsplatz der HafenCity sind die **Marco-Polo-Terrassen** mit Holzliegen und Bäumen – sehnsüchtig blickt dort Klaus Störtebeker von seinem Sockel in die Ferne. Den Strandkai dominieren der 55 m hohe Luxuswohnturm **Marco-Polo-Tower** und das **Unilever-Haus**, das für nachhaltige Bauweise Preise einheimste. Immer neue Perspektiven auf die Stadt und die Traumschiffe des Kreuzfahrtterminals HHC-HafenCity erlaubt der 13 m hohe **View Point**. Autofreie Shoppingmeile der HafenCity ist der **Überseeboulevard**. Der **Lohsepark** als größte Oase des Quartiers und Gedenkort für NS-Deportierte soll 2016 eingeweiht werden.

MUSEEN

In der Speicherstadt informiert das ehem. Kesselhaus als **HafenCity InfoCenter** auch bei Führungen über Hamburgs neuen Stadtteil. Der HafenCity-Landgang beginnt Sa. um 15.00 Uhr; zusätzlich findet Mai–Sept. Do. um 18.30 Uhr ein „Feierabend-Landgang" statt. Ebenfalls kostenlos ist die HafenCity-Radtour Mai–Sept. jeden 1. und 3. So. um 11.00 Uhr (Kesselhaus, Am Sandtorkai 30, Tel. 040 36 90 17 99; Mai–Sept. Di.–So. 10.00–18.00, sonst Di.–So. 20.00 Uhr). Der Teilbereich **Überseequartier** zeigt einen eigenen InfoPavillon (Osakaallee 14, www.ueberseequartier.de). Sport- und Rennwagen, insgesamt 50 automobile Raritäten, präsentieren Thomas König und Oliver Schmidt in ihrem Automuseum **Prototyp** (Shanghaiallee 7, Tel. 040 39 99 69 68, www.prototyp-hamburg.de; Di.–So. 10.00 bis 18.00 Uhr).

Tipp

Harmloser Deichbruch

⋯⋯⋯⋯⋯⋯⋯⋯⋯⋯⋯⋯⋯⋯⋯⋯

Nur in ausgewählten Wilhelmsburger Feinkostgeschäften, Gaststätten und im Museum Elbinsel Wilhelmsburg gibt es ihn noch – den „Wilhelmsburger Deichbruch", einen 40-prozentigen Halbbitterlikör, in der Tradition des Gründers Nicolaus von Drateln bis heute aus 26 Kräutern, Pflanzen und Wurzeln komponiert.

② Veddel

Sturmfluten rissen die Elbinsel Gorieswerder in mehrere kleine Inseln. Eine davon ist die Veddel. Wo vor 100 Jahren rund fünf Mio. Menschen an Bord der Auswandererschiffe gingen, haben heute rund zwei Drittel der Bewohner einen Migrationshintergrund.

SEHENSWERT

Die Geschichte der Emigranten, die von 1850 bis 1938 über den Hamburger Hafen in die Neue Welt aufbrachen, dokumentiert multimedial das **Erlebnismuseum BallinStadt.** Als einer der wenigen Standorte weltweit besitzt Hamburg noch Passagierlisten aller Auswanderer – im Familienforschungszentrum kann online vor Ort recherchiert werden (Veddeler Bogen 2, Tel. 04 03 19 79 1 60, www.ballinstadt.de, April bis Okt. 10.00–18.00, sonst 10.00–16.30 Uhr).

③ Wilhelmsburg

Die Elbinsel Wilhelmsburg ist das größte, jüngste und – nach der Veddel – internationalste Viertel Hamburgs: Rund 50 000 Menschen aus mehr als hundert Nationen leben auf Europas größter Flussinsel, die einen durchgreifenden Strukturwandel erlebt.

Ungewöhnliche Rundfahrt

Tipp

Nicht alltägliche Törns mit Alsterschiffen veranstaltet der Förderverein Museum Elbinsel: Vom Jungfernstieg geht es durch die Rathaus- und die Schaartorschleuse quer über die Norderelbe in den Reiherstieg, durch die 150 Jahre alte Ernst-August-Schleuse hinein nach Wilhelmsburg. Die Fahrt durch den Aßmannkanal, Ruderstrecke des WRC von 1895, endet am Anleger Ernst-August-Kanal mit seinem Biergarten – Pause! 30 Min. später folgt der schönste Streckenabschnitt: die Fahrt auf der Dove-Elbe zur Mühle Johanna.

INFORMATION

Förderverein Museum Elbinsel Wilhelmsburg, Tel. 040 754 37 32, www.museum-wilhelmsburg.de; Juni und Juli 15.00–18.00, Ende Juli mit Grillbuffet 16.30–21.00, Sept. Dämmertörn 18.00–22.00 Uhr

SEHENSWERT

Die **Internationale Bauausstellung** IBA Hamburg realisierte bis 2013 in Wilhelmsburg, auf der Veddel und dem Harburger Binnenhafen rund 50 Projekte – sie stellt die Ausstellung im **IBA Dock** vor (Am Zollhafen 12,

Im Überseequartier der HafenCity entstehen neue Büro- und Hotelgebäude (oben). Hier ist Harburg ganz modern: Channel Hamburg (unten)

Müggenburger Zollhafen/Veddel, www.iba-hamburg.de; tgl. 10.00–18.00 Uhr). Das Gelände der **Internationalen Gartenschau** (igs 2013) wurde zum öffentlichen Inselpark Wilhelmsburg umgestaltet (mehrere Eingänge, u. a. S-Bahn Wilhelmsburg; tgl. 5.00–24.00 Uhr).

MUSEEN

Im Amtshaus von 1724 dokumentiert das **Museum Elbinsel Wilhelmsburg** mit original eingerichteten Zimmern und Sonderschauen das bäuerliche Erbe der Elbinsel, seine Milch- und Gemüsewirtschaft und den Schiffbau am Elbarm Reiherstieg (Kirchdorfer Straße 163, Tel. 040 31 18 29 28, www.museum-wilhelmsburg.de; April–Okt. So. 14.00–17.00 Uhr).
Seit ihrer Restaurierung mahlt die **Galerieholländer-Windmühle Johanna** (1875) wieder Korn zu Mehl; im Backhaus wird daraus rustikales Wilhelmsburger Mühlenbrot gebacken. Zu Pfingsten feiert das Museum ein Mühlenfest (Kirchdorfer Straße 23, Tel. 040 754 38 45, www.windmuehle-johanna.de).

VERANSTALTUNGEN

Kunstcamp und Musikfestival mit Bands wie „Deichkind", „Fettes Brot" und „Kettcar" ist das **Dockville** (Aug.; www.msdockville.de). Die Sinti-Familie Weiss, zu deren Clan auch der Jazz-Gitarrist Django Reinhardt zählte, lebt seit Jahrzehnten in Wilhelmsburg. Sie veranstaltet mit dem Bürgerhaus Wilhelmsburg das **Elbinsel Gypsy Festival** mit Konzerten, Lesungen und Ausstellungen (März; www.buewi.de).

UNTERHALTUNG

Das **Fährhaus Am Anleger** (Vogelhüttendeich 123, Tel. 040 86 68 77 81, www.zum-anleger.de) bietet Biergarten und Kanuverleih am Ernst-August-Kanal. Von Mai bis Sept. bricht Barkassen-Meyer vom Anleger zu Elb- und Kanalfahrten auf (Tel. 040 317 73 70, www.barkassen-meyer.de). Die **Honigfabrik Wilhelmsburg** (Industriestraße 125, Tel. 040 421 03 90, www.honigfabrik.de) bietet Kultur, Konzerte und Galão im Café Pause.

④ Harburg

Jahrhundertelang als Hafenplatz in Konkurrenz zum übermächtigen Hamburg, wurde Harburg 1937 eingemeindet. Der „Sprung über die Elbe" unterzieht auch Harburg einem milliarden-

schweren Facelift. Die Schlossinsel mit ihrer fünfeckigen Zitadellenform – auf ihr stand bereits um 1100 eine Burg, im 17. Jh. zur Festung ausgebaut – wird als Wohngebiet neu gestaltet. Aufgewertet ist auch die innerstädtische Einkaufsmeile Lüneburger Straße – Anf. Aug. feiert sie einen bunten Kunst- und Kultursommer.

SEHENSWERT

Schlichte, niedrige Bauten prägen die Harburger Innenstadt, die auch wegen der Bombardements im Zweiten Weltkrieg nur wenig Historisches bewahren konnte. Im neugotischen Backsteinprunk dominiert das 1892 errichtete **Harburger Rathaus** den Harburger Rathausplatz. Den Straßenplatz Sand prägt seit 400 Jahren Mo. und Sa. ein Wochenmarkt (8.00 bis 13.00 Uhr). In die Vergangenheit führt ein Bummel durch die kopfsteingepflasterte **Lämmertwiete** mit Fachwerk-Repliken und historischen Gaslaternen. Wer den tropfenförmigen Pfeilen im Pflaster folgt, kann entlang dem **Harburger Kunstpfad** Skulpturen, Statuen und Denkmäler entdecken – vom Barockengel vor der Dreifaltigkeitskirche (Neue Straße) bis zum „niemandes lande" an der Bremer Straße.
Zwei Bahnlinien und die Süderelbe begrenzen den Harburger Binnenhafen nördl. der Innenstadt. Der bereits in den 1980er-Jahren begonnene Strukturwandel hat mit dem **Channel Hamburg** ein lebendiges Hafenquartier geschaffen, in dem Segelschiffe überwintern, Hightech auf traditionelle Bausubstanz stößt und alljährlich am ersten Wochenende im Juni das Harburger Binnenhafenfest gefeiert wird. Architektonische Wahrzeichen sind der Channel Tower (2003), die revitalisierten Silos am Schellerdamm (2004/2005), der umgenutzte Kaispeicher am Veritaskai (2005) und eine 1883

erbaute Kornmühle am Schellerdamm, die seit 2009 als Fleethaus Harburg Kita, Büros und ein Parkhaus unter ihrem Dach vereint. Hamburgs ältester erhaltener Großspeicher verwandelte sich jüngst in den Kulturspeicher am Kaufhauskanal (www.speicher-am-kaufhauskanal.de). Die **Alte Harburger Elbbrücke** (1899) schmücken die – bis 1937 war die 460 m lange Brücke, heute Radfahrern und Fußgängern vorbehalten, die einzige Straßenverbindung zwischen den beiden Stadtteilen.
Mit Hügellandschaften, Schulgarten, Langenbecker Wiesen, Dahlienterrassen, Apothekergarten, Blindengarten und den Gärten der Jahrtausende wurde der **Harburger Stadtpark** 1926 als südliches Gegenstück zum Altonaer Volkspark angelegt. Bereits 1772 war der Mühlbach zum Außenmühlenteich aufgestaut worden – Kanus, Tret- und Ruderboote gibt es beim Bootsverleih (Am Harburger Außenmühlenteich).

MUSEEN

Vom steinzeitlichen Faustkeil bis zum Großsteingrab der Bronzezeit erläutert das archäologische **Helms-Museum** das prähistorische Erbe der Metropolregion Hamburg (Haupthaus: Museumsplatz 2, Zweigstelle: Harburger Rathausplatz 5, Tel. 040 428 71 36 09, www.helms museum.de; Di.–So. 10.00–17.00 Uhr).
Die **Sammlung Falckenberg** bietet in den Harburger Phoenix-Fabrikhallen Gegenwartskunst (Wilstorfer Straße 71, Tel. 040 32 50 67 62, www.sammlung-falckenberg.de; Besuch nur mit Führungen, Mi. und Do. 18.00, Fr. 17.00, Sa. und So 11.00 und 15.00 Uhr).
Mit 30 Fachwerkhäusern der Lüneburger Heide und der Winsener Elbmarsch, Schnapsbrennerei und Tanzsaal, alten Nutztierrassen und Aktionstagen zu Küche und Kultur lädt das **Freilichtmuseum am Kiekeberg** (westl. außerhalb der Karte, s. Karte S. 6) ein, das bäuerliche Erbe der Region zu entdecken (Am Kiekeberg 1, Rosengarten-Ehestorf, Tel. 040 790 17 60, www. kiekeberg-museum. de; Di.–So. 10.00–18.00 Uhr).

VERANSTALTUNGEN

Im ehem. Lehrstellwerk des noch aktiven Fernbahnhofs Hamburg-Harburg präsentiert der **Jazzclub im Stellwerk** bei Konzerten die Bandbreite des Jazz (Tel. 040 30 09 69 48, www. stellwerk-hamburg.de; Do.–So.).
Zu den großen Harburger Volksfesten gehört das **Harburger Vogelschießen,** das seit 1528 im Juni auf dem Schwarzenberg stattfindet.

UMGEBUNG

Zwischen der Elbe und der Lüneburger Heide erstrecken sich die **Harburger Berge** (westl. außerhalb der Karte, s. Karte S. 6), die am Hülsenberg 155 m erreichen. Zerklüftet zeigt sich der Höhenzug im äußersten Norden, wo er Schwarze Berge genannt wird und im weitläufigen **Wildpark Schwarze Berge** Rothirsch, Wildschwein, Wolf und Bär in natürlicher Umgebung Auslauf gewährt (Am Wildpark 1, Rosengarten, Tel. 040 81 97 74 70, www.wild park-schwarze-berge.de; April–Okt. tgl. 8.00 bis 18.00, sonst tgl. 9.00–17.00 Uhr).

Genießen   Erleben   Erfahren

DuMont
Aktiv

Hamburgs Wildnis

An der Bunthäuser Spitze teilt sich die Elbe für 15 Kilometer in Norder- und Süderelbe und bildet ein Binnendelta, dessen Herz die Elbinsel Wilhelmsburg mit Deutschlands einzigem Tideauenwald bildet – dem Heuckenlock.

Die Wanderung durch

Wilhelmsburgs amphibische Wildnis beginnt am Elbe-Tideauenhaus, das mit seiner Ausstellung über nur noch im Hamburger Großraum existente Süßwasser-Tideauen informiert. Der Wanderweg folgt dem 1870/1871 errichteten Leitdamm, der die Wassermengen der Elbe auf Norder- und Süderelbe verteilt. Das Ende des Damms markiert der nur 7 m hohe, sechseckige Leuchtturm Bunthaus, 1914 aus Holz errichtet und bis 1977 aktiv. Vorbei an der Stackmeisterei Bunthaus geht es am Nordufer der Süderelbe gen Westen zum Heuckenlock. Nahe der Haltestelle Heuckenlock informiert eine Tafel über den 3 km langen Urwald.

Eine Stahlbrücke führt über weitschwingende Priele, die im Rhythmus der Gezeiten trocken fallen. Baumveteranen, bis zu 400 Jahre alt, säumen den sandigen Pfad. 400 Pflanzen sind hier heimisch, einige, wie Grannensegge, Schierlings-Wasserfenchel und Wibels Schmiele, haben hier letzte Refugien. Seltene Schachbrettblumen wachsen auf den Wiesen. Über Weiden, Ulmen und Pappeln singt ein Pirol. Doch das Faszinierendste ist der stete Wechsel, je nach Tages- und Jahreszeit ändert das Heuckenlock sein Gesicht. Und wer hätte vermutet, dass nur wenige hundert Meter von der Autobahn diese Urnatur zu finden ist?

Weitere Informationen

Anfahrt: Heuckenlock mit S-Bahn 3 (Wilhelmsburg) und Bus 151 (Am Heuckenlock). Tideauenzentrum Bus 351 (Moorwerder Kinderheim). S. auch Karte S. 6.
Achtung: Vor der Wanderung über den Wasserstand der Elbe informieren – bei höherem als mittlerem Hochwasser sind Teile oder das gesamte Gebiet überflutet. Und: Der kürzere Weg über den Deich ist längst nicht so reizvoll!
Auskunft: Elbe-Tideauenzentrum Bunthaus, Moorwerder Hauptdeich 33, Tel. 040 75 06 28 31, www.naturschutzverband-goep.de; April–Okt. Fr. 14.00–18.00, Sa. und So. 11.00–18.00, sonst So. 11.00 bis 18.00 Uhr.

Lebenswelten am Fluss

Für die Hamburger sind Alster und Elbe nicht nur Flüsse, sondern Spiegel ihrer Einstellung. Wer etwas auf sich hält, versucht im Westen der Stadt zu wohnen – natürlich in den Szenevierteln, möglichst entlang der Elbe oder mit Blick auf die Alster, der sozialen wie kulturellen Grenze zum „proletarischen" Osten.

An der Harvestehuder Krugkoppelbrücke weitet sich die Alster vom Fluss zum See

Das Alstervorland, ein Park auf der Westseite der Außenalster, wird als Freizeitgebiet geschätzt

Auf den Parkwiesen rund um die Außenalster lässt sich auch ein Junggesellenabschied feiern

Segeln und Rudern sind überaus beliebt in der Hansestadt.
Im Hintergrund das renommierte „Hotel Atlantic"

Als die Stadtväter um 1235 den Reesendamm bauen ließen, heute als Jungfernstieg einer der bekanntesten Straßenzüge der Hansestadt, um mit dem aufgestauten Wasser des dort plätschernden kleinen Wiesenflusses eine Mühle zu betreiben, ahnten sie wohl kaum, welche weitreichenden Folgen dies haben würde: Die Alster wurde zum See. Schlecht berechnet, sorgte der Damm für die Überflutung der Alsterwiesen von Harvestehude. Die Wiesen gehörten dem Domkapitel, und der Rat musste für die Entschädigung tief in die Tasche greifen. Der neue See in der Stadt indes eroberte die Herzen der Hamburger. Über die Jahrhunderte wurden die Ufer Stück für Stück den Grundbesitzern abgetrotzt. 1953 sicherte Bürgermeister Max Brauer die letzten Uferzonen am Unterlauf für die Öffentlichkeit. Landschaftsgärtner legten rund um den aufgestauten Fluss eine Gartenstadt an, durchzogen von Kanälen und Uferparks.

Die Alster entspringt bei Henstedt in Schleswig-Holstein, schlängelt sich durch Wiesen und Wälder, vorbei an Staustufen und Schleusen, 56 Kilometer nach Süden und mündet im Hamburger Hafen in die Elbe. Mit 182 Hektar sind ihre beiden „Seen" fast so groß wie das Fürstentum Monaco und maximal 2,50 Meter tief.

„Die Alster liegt da und sieht aus", notierte Kurt Tucholsky nüchtern. Die sonst so kühlen Hanseaten hingegen geraten ins Schwärmen – die Hamburger und ihre Alster, das ist eine Romanze auf Lebenszeit. Jahrein, jahraus, bei Wind und Wetter. Und wer es geschafft hat, will nur eins: hier wohnen, in feudalen Gründervillen, Hanseatenschlösser in strahlendem Weiß, die dicht an dicht den Harvestehuder Weg säumen. Seit einigen Jahren erlebt Hamburgs Nobeladresse ein millionenschweres Facelift. Dirk Manthey, Chef des Milchstraßen-Verlags, ließ seine Acht-Millionen-Euro-Villa am Harvestehuder Weg 39 komplett entkernen und mit Wintergarten, Dachterrasse und Keller-Schwimmbad versehen. Wenig Gespür für Hamburger Understatement zeigt der Immobilienunternehmer Kai Wünsche – seine Villa schmückt eine Renaissance-Freitreppe. Oberbaudirektor Jörn Walter mahnte mehr Zurückhaltung an … Das richtige Gespür scheint Karl Lagerfeld zu haben, der an der Sophienterrasse das Interieur zweier Alstervillen gestaltete – elegant, luxuriös und unaufdringlich. Als gebürtiger Hamburger weiß der Pariser Modezar, was Hanseaten lieben.

So nobel wie Harvestehude sind am Ostufer nur noch zwei Adressen: Bellevue und Rondeelteich, wo Boris Becker seine Hamburger Dependance haben soll. Die „Schöne Aussicht" hat indes viel von ihrem historischen Charme verloren. Innerhalb weniger Jahre wurden drei alte Villen abgerissen, um modernen Apartmenthäusern Platz zu machen – mit Mieten von deutlich über 45 Euro pro Quadratmeter.

Doch auch weniger Betuchte können in Hamburg das Glück haben, direkt am Wasser zu wohnen – an Kanälen wie Isebek und Osterbek, den blauen Lebensadern der In-Viertel Eimsbüttel und Winterhude. In ihren Hinterhof-Gärten sind Tretboote, Kanus und Kajaks vertäut. Ein paar Paddelschläge entfernt bildet sich bei den ersten Sonnenstrahlen eine lange Schlange wartender Boote vor einem Hamburger Unikum: der einzigen „Eisklappe" der Stadt – das Servicefenster von „Il Gelato" für zarten Schmelz direkt am Kanal.

English Flair an der Elbe

Das Leben am und auf dem Wasser prägt das Hamburger Lebensgefühl – und seit dem 13. Jahrhundert enge Beziehungen zu Britannien. „Hamburg ist die englischste Stadt der Welt. Eine Stadt, in der man sich mit Blazer und Flanellhosen und am besten noch mit einer Dunhillpfeife zwischen den Zähnen

Stephan Balkenhols „Mann auf Giraffe" vor dem Tierpark Hagenbeck und begehrte Alsterwohnlage an der Winterhuder Körnerstraße.
In der Eimsbüttler Osterstraße feiert sich der Stadtteil beim Weißen Dinner – in ausschließlich weißer Kleidung

Der Isemarkt zeigt ein Angebot für alle Ansprüche

Winterhude und Uhlenhorst sind von Wasser durchzogen, ein Paradies für Paddler und Tretbootfahrer – hier die Alster in Winterhude

wohlfühlt", schrieb ein Korrespondent der Times 1991 für sein Blatt – Heinrich Heine hatte dies schon lange vorher erkannt. Überschwänglich lobte der sonst so kritische Dichter die „englischen Sitten" der Hansestadt, die besonders im Hamburger Westen bewahrt – und gefeiert werden: beim „British Day", der seit jüngstem „British Flair" heißt.

Alljährlich im August pilgern die Hamburger nach Groß-Flottbek, wo der Brite Frank Tiarks vor hundert Jahren Deutschlands ersten Polo-Club gegründet hatte, und feiern zwei Tage lang ein Volksfest mit allem, was zum Leben auf der Insel gehört: Gummistiefel-Weitwurf und Dudelsackpfeifer, Oldtimer-Parade

und Open Air Proms, einem Massenpicknick mit Musik auf dem gepflegten Green.

Landhäuser als Perlenkette

An feudale Zeiten erinnernde Parks säumen die Elbchaussee, Hamburgs Wohnmeile der Millionäre und Milliardäre, die zehn Kilometer lang der Elbe folgt. Besonders eindrucksvoll ist der Jenischpark, der die prächtige Kulisse für das klassizistische Jenischhaus gibt. Ebenso beliebtes Ziel ist der 24 Hektar große, 1789 vom Hamburger Segelschiffreeder Godeffroy angelegte Hirschpark. Meterhoch begleiten 200 Jahre alte Rhododendronbüsche mit roten Blüten

In Övelgönne, ein Fußgängern vorbehaltenes Quartier zwischen Elbhang
und Uferstrand, waren einst die Kapitäne zu Hause

Die Neumühlener Uferpromenade
ist immer für Aktionen gut

Das Nordufer der Elbe ist wieder Badestrand – zumindest lassen sich hier wunderbare Sommersonntage verbringen

Mit Überblick sitzt es sich auf der Flutschutzmauer am Strand von Övelgönne

sandige Wege. Unter knorrigen Blutbuchen äst Damwild. Verschlungen die Wege, dann wieder Weite, Ausblicke auf die Hallen von Airbus am Südufer, zwei Villen. Im klassizistischen Landhaus des Kaufmanns tanzen die Eleven der Lola-Rogge-Ballettschule. Ein Spalier schlanker Linden führt schnurgerade zum einstigen Kavaliershaus. Bis 1959 Wohnstätte des Dichters, Komponisten und Orgelbauers Hans Henny Jahnn, residiert hier seit 40 Jahren eine Traditions-Teestube: das „Witthüs". Rosen ranken an der Fassade; Reet bedeckt das Dach. In diesem gemütlich-stilvollen Ambiente ist Kaffeeklatsch bei klassischer Musik Kult. Mit „Qualle auf Sand" beispielsweise, einer Kuchenkomposition, die unter Obst und Sahne ihren wahren Geist verdeckt: Rum.

Die zwei Konkurrenten

Die Elbchaussee endet in Blankenese mit der einst „blanken Nase" des fast 75 Meter hohen Süllbergs, auf dessen Kuppe im 11. Jahrhundert eine Burg über eine der wenigen Fährverbindungen zum Südufer der Elbe wachte. Heute ist hier Karlheinz Hauser Hausherr über ein Hotel-Restaurant und einen Biergarten mit dem wohl schönsten Hamburger Elbblick. Andere Auslegungen sagen, dass Blankenese seinen Namen dem weißen Sand (blank) einer Landzunge (Ness) verdankt, 1640 von einer Sturmflut weggerissen.

Die Flanken des Süllbergs säumt ein Häusermeer mit strohgedeckten Katen und eleganten Villen, in denen einst Fischer, Kapitäne und Lotsen ihren Lebensabend verbrachten. Vom Elbstrand führen bis heute nur zwei Straßen hinauf, auf denen die „Strandhexe" als Minibus verkehrt – die meisten Häuser sind nur über die 58 Wege und die 4864 Stufen der Steigen des „Treppenviertels" zu erreichen.

Am Silvesterabend wird es hier laut – dann treffen sich die Kinder des Hangdorfs zum „Rummelpottlaufen" und erschrecken die Anwohner mit

Mitten im Treppenlabyrinth von Blankenese gibt es Leckereien beim „Treppenkrämer" (oben und unten links). Das Jenischhaus war ursprünglich ein repräsentativer Sommersitz des Bankiers und Senators Jenisch und zeigt heute als Zweigstelle des Altonaer Museums großbürgerliche Wohnkultur (unten rechts)

In Nienstedten direkt oberhalb der Elbe lebten einst Bauern und Handwerker, die ihre Kirche 1751 fertigstellten.
An der vorbeiführenden Elbchaussee dagegen reihten sich die Sommervillen wohlhabender Hamburger

Stadtentwicklung

Special

Wer lebt wo in der Stadt

Edelbistro statt Eckkneipe, Gucci-Shop statt Gemüseladen, Galerie statt Gewerbehof: In Hamburg sorgt Gentrifizierung für erhitzte Gemüter.
Rund um den Globus erleben die innenstadtnahen Viertel der Metropolen einen Umbruch, der auch vor Hamburg nicht haltmacht. Ob in der Hafenstraße, in Ottensen, im Schanzenviertel, auf St. Georg oder auf St. Pauli, stets verläuft der Prozess gleich: Wo günstige Mieten einst Studenten und Künstler anlockten, später das alternative Establishment Szene-Clubs, Kneipen und In-Läden eröffnete, verdrängen jetzt Besserverdienende die Bevölkerung. Es wird luxussaniert, Designershops, Sternerestaurants und Delikatessenläden eröffnen. Stadtmarketing- und Tourismusstrategen jubeln, Künstler, Bürger und alternatives Establishment protestieren. 2009 besetzten 200 Künstler einen Rest des historischen Gängeviertels, das ein niederländischer In-

Erfolgreich widerstanden: Hafenstraße

vestor gern abreißen würde. In Altona protestierte die Frappant-Initiative (erfolglos) gegen die Eröffnung des weltweit ersten Innenstadt-IKEA, auf St. Pauli gegen das Vorhaben „Bernhard Nocht Quartier". Quer durch alle Schichten äußern die Hanseaten in Bürgerinitiativen und Aktionsbündnissen, die nicht mehr nur das linke Spektrum abdecken, ihren Protest und ihre Bedenken vor einer Entwicklung à la Paris: die Innenstadt den Wohlhabenden, dem Rest die Vorstädte.

furchterregender Verkleidung und gruseligem Gesang. Zur Blankeneser Tradition gehören auch die vier Osterfeuer, die bis heute am Ostersamstag am Elbstrand entzündet werden – den Behörden ist der heidnische Brauch ein Dorn im Auge. 2009 „klaute" der Bezirk Altona in einer Nacht- und Nebelaktion mehrere Lastwagenladungen Brennholz aus dem bereits aufgeschichteten Scheiterhaufen. Empört schafften die Blankeneser Nachschub heran – und entzündeten ein Feuer, dessen Flammen höher schlugen als je zuvor.

Blankeneses größter Konkurrent im Wettstreit um den Titel als „Hamburgs schönstes Dorf" preist sich selbstbewusst als Perle der fünf einst preußischen Walddörfer im Nordosten der Metropole: Volksdorf. Zwar fährt von hier alle fünf Minuten eine U-Bahn in die Innenstadt, doch bleibt man lieber unter sich, trifft sich auf dem Wochenmarkt zum Klönschnack, springt im Sommer ins Waldbad, im Winter ins Hallenbad, bummelt mit Gästen durchs Museumsdorf, in dem sieben Fachwerkhäuser und Gehege für Schafe, Schweine, Hühner, Ziegen und Enten das mittlerweile weit zurückliegende bäuerliche Erbe wach halten, und genießt den Traum vom Leben auf dem Lande mit Großstadtschick und City-Anschluss.

Elblokale mit Aussicht

Weltküche mit Weitblick

Hamburg, das Tor zur Welt: In den Restaurants am Elbufer trifft Heimatliebe auf Fernweh, Landratte auf Seh-Mann, Hamburger Pannfisch auf exotische Gewürze.

Blankenese

1 Kehr Wieder Spitze

Im Rücken die Elbphilharmonie, nach vorne die Masten und Wimpel des Sportboothafens, dahinter die Containerkräne der Terminals: Am Westende der HafenCity bietet Karl Stricker seinen Gästen einen der schönsten Blicke auf die Elbe und den Hamburger Hafen – und verwöhnt sie dabei mit Bio-Lachs, Havelländer Apfelschwein und ausgesuchten Tropfen.

Stricker's Kehr Wieder Spitze, Am Sandtorkai 77, 20457 Hamburg, Tel. 040 51 90 30 61, www.kehr-wieder-spitze.de

2 Au Quai

Ein paar Teakholztische an der Kaikante, der kühne Schiffsbug des Docklands voraus, dahinter der Hafen: Im Au Quai wird jedes Gericht mit einer gehörigen Portion Fernweh gewürzt. Die herbstliche Kürbissuppe präsentiert sich mit Curry und Zitronengras, die Jakobsmuscheln flirten mit zehn Kräutern und sardischen Oliven, den gebratenen Zander begleiten Pancetta-Streifen, Erbsenpüree – und ein Containerriese aus China, der gerade die Elbe hinauf ins Hafenbecken gleitet.

Au Quai, Große Elbstraße 145 B-D, 22767 Hamburg, Tel. 040 38 03 77 30, www.au-quai.com

3 Süßwasser

Der Name täuscht: Im Süßwasser sind große Nordseeschollen aus dem Salzwasser, gut 500 Gramm schwer, die Spezialität. Typisch hamburgisch werden sie nach „Finkenwerder Art" mit ausgelassenen Speckwürfeln und warmem Speckkartoffelsalat serviert, etwas exotischer mit Vanillebutter, gerösteten Pinienkernen und Rosmarinkartoffeln.

Süßwasser, Övelgönne 38, 22605 Hamburg, Tel. 040 880 12 42, www.suesswasser-hamburg.de

4 Restaurant Engel

In dem kleinen Restaurant auf dem Fähranleger Teufelsbrück genießen die Gäste großes Elbkino in der ersten Reihe, und das in Verbindung mit Tarik Roses abwechslungsreicher und ambitionierter Küche – die gern auch etwas in Bewegung geraten kann, wenn einer der großen Pötte passiert. Auch im Engel-Imbiss darunter lässt sich den Elb- und Hafenlotsen unmittelbar beim Wechsel zusehen.

Engel, Fähranleger Teufelsbrück, 22609 Hamburg, Tel. 040 82 41 87, www.restaurant-engel.de

5 Op'n Bulln

Echte Hamburger kommen mit der Hafenfähre oder spazieren vom S-Bahnhof Blankenese durch das Treppenviertel zum Schiffsanleger, den die Einheimischen „Bulln" nennen. Wer Hamburger Pannfisch, Labskaus oder Scampi genießen will, wendet sich nach rechts, wer lässig Lachsfrikadellen zum Chardonnay futtern will, hockt sich linkerhand an die Tische. Richtig romantisch ist es auf dem Ponton in lauschigen Sommernächten, richtig kuschelig im Winter.

Strandweg 30, 22587 Hamburg, Tel. 040 86 64 51 27, http://pontonopnbulln.kajuetesb12.de

7 Süllberg-terrassen

Unter Hamburgs Biergärten haben sie die beste Aussicht: die Süllbergterrassen. Auf 75 Meter Höhe schweift der Blick über die Elbe hinüber zu Airbus, den Obsthainen des Alten Landes und der Elbinsel Neßsand, die nur mit eigenem Boot zu erreichen ist. Die Karte kommt dagegen bajuwarisch daher – mit riesigen Brez'n, Hendl mit Kartoffelsalat und Bier vom Fass, hat Küchenchef Karlheinz Hauser doch sein Handwerk in München gelernt. Wie gut, beweist der Zweisternekoch im Gourmetrestaurant Seven Seas, das ebenfalls zum Süllberg-Komplex gehört.

Süllbergterrassen, Süllbergsterrasse 12, 22587 Hamburg, Tel. 040 866 25 20, www.suellberg-hamburg.de

6 Kaffeegarten Schuldt

„Hier können Familien Kaffee kochen." Womit der Kaffeegarten im Blankeneser Treppenviertel vor 135 Jahren warb, ist noch heute wahr: Wie einst brüht Ilse von Elm das mitgebrachte Kaffeepulver der Gäste per Hand auf – drei Tassen für anderthalb Euro. Dazu schmecken auf der beheizbaren Terrasse zum Traumblick auf die Elbe hausgemachte Obststreusel-Blechkuchen, Torten mit Himbeeren, Schokolade oder Käsesahne oder, nur am Wochenende, warme Waffeln mit Sahne und Vanille-Eis. Oder ganz herzhaft Krabben mit Rührei oder Katenschinken auf Schwarzbrot.

Kaffeegarten Schuldt, Süllbergterrasse 30, 22587 Hamburg, Tel. 040 86 24 11, www.kaffeegarten-schuldt.de

8 Schulauer Fährhaus/ Willkommenhöft

„Willkommen in Hamburg, wir freuen uns, Sie im Hamburger Hafen begrüßen zu dürfen". So werden seit 1952 elbabwärts in Schulau Schiffe von mehr als 1000 Bruttoregistertonnen auf Überseefahrt mit ihrer Nationalhymne und Dippen der Flagge willkommen geheißen. Mehr als 50 „salutfähige" Schiffe passieren täglich die weltweit einzige Schiffsbegrüßungsanlage – sehr zur Freude der Gäste, die in den Restaurants „Strandgut" und „Elbfeuer" oder auf der großen Terrasse den regen Schiffsverkehr auf der Elbe verfolgen – bei mediterraner Küche und ausgesuchten Tropfen deutscher Winzer.

Schulauer Fährhaus, Parnaßstraße 29, 22880 Wedel, Tel. 04103 92 00 0, www.schulauer-faehrhaus.de

Gewachsen, gekauft und zusammengeschlossen

Der ursprünglich winzige fränkische Militärposten und Bischofssitz ist über Jahrhunderte gewachsen – durch Eroberungen, Kauf oder Verwaltungsakte, wie dem Reichsgesetz von 1937, das der Hansestadt viel einst preußisches Umland wie Harburg und Altona zuführte. Ein Großteil der 105 Stadtteile sind als überwiegende Wohngebiete kaum besuchenswert, einige allerdings mit Charme und Charakter.

❶ Elbvororte

Othmarschen, Nienstedten, Blankenese, Iserbrook und Rissen: Die fünf Stadtteile im Westen gehören zu den exquisiten Wohnadressen. Reiche Hamburger Familien, Reeder oder Kaufleute, legten auf dem Hochufer der Elbe prachtvolle Villen und ausgedehnte Gärten an, von denen einige öffentlich zugänglich sind. **Othmarschen** besitzt mit dem **Jenischpark** (42 ha) den größten und schönsten Elbpark – Caspar Voght hatte ihn um 1800 als „rural farm" anlegen lassen. Aus dem Grün erhebt sich der klassizistische Kubus des Jenischhauses (s. S. 119). Das alte **Nienstedten** ist rund um seine Kirche (1751) erhalten, die mit ihrem nostalgischen Fachwerk und kupfergrünem Helm zu den beliebtesten Hochzeitskirchen Hamburgs zählt. Anschließend schreitet man zum Hochzeitsmahl im nahen „Hotel Louis C. Jacob", dessen Elbblick von der Terrasse Max Liebermann in Öl festgehalten hat. Zum Sonntag gehört ein Spaziergang im **Hirschpark** mit dem reetgedeckten „Witthüs" (Elbchaussee 499a, Tel. 040 86 01 73, www.witthues.de; Di.–Sa. 14.00–23.00, So. und Fei. 10.00–23.00 Uhr).
Wahrzeichen **Blankeneses,** wo Lotsen und Kapitäne ihren Lebensabend verbrachten, ist der Süllberg (74,7 m) mit dem gleichnamigen Restaurant. Zwischen den Straßen Am Kiekeberg und Strandweg erstreckt sich das malerische TOPZIEL **Treppenviertel** mit weißen Villen, alten Fischerhäuschen und Gärten.

❷ Altona

All to nah bi Hamburg, zu nah an Hamburg, lag nach Ansicht des Hamburger Rates die 1535 gegründete Handwerks- und Fischersiedlung, mit Fischmarkt und Hafen Handelskonkurrent der Hansestadt. Bis 1866 dänisch, danach preußisch, wurde die Großstadt 1937 als Bezirk eingemeindet.

SEHENSWERT
An die Konkurrenz der Nachbarn Altona und Hamburg erinnert der **Stuhlmannbrunnen** (1900), auf dem zwei Zentauren um einen Fisch

Kaiser Wilhelm I. vor dem Altonaer Rathaus (links). Strand von Neumühlen und Museumshafen (rechts)

ringen. Prunkbau des Stadtteils ist das **Altonaer Rathaus,** 1844 als Bahnhof für die Kiel-Altonaer-Eisenbahn errichtet. Rathaus, Brunnen und Bahnhof verbindet eine Grünanlage entlang der Museumstraße mit dem Altonaer Museum für norddeutsche Landeskultur (s. S. 119). Westl. des Rathauses beginnt die Elbchaussee als Hamburgs teuerste Wohnmeile und der Elbufer-Wander- und Radweg entlang der Elbe bis nach Blankenese. Südl. liegt am Elbhang der **Altonaer Balkon** mit Ausblicken auf Hafen und Elbe. Östl. hat die **Palmaille** großbürgerliches Erbe bewahrt. Multikulturell, familienfreundlich und bunt gibt sich **Ottensen,** frühere ein Viertel der Arbeiter und der Kleinindustrie. In der ehem. Schiffsschraubenfabrik von Theodor Zeise haben heute das Filmhaus, das Zeise-Kino und das Restaurant „Eisenstein" ihr Domizil. Startschuss für die Revitalisierung einstiger Industriegebäude war 1971 die Umwandlung einer 150 Jahre alten Maschinenfabrik, das als **Fabrik,** erstes und wohl bekanntestes Kultur- und Kommunikationszentrum Deutschlands, Kinder-

und Jugendarbeit, Pädagogik und Politik, Theater und Konzerte unter ihrem Dach vereint (Barnerstraße 36, Tel. 040 39 10 70, www.fabrik.de). Die **altonale** (www.altonale.de) beweist jeden Juni, dass Stadtteilfeste nicht nur Bierwagen, Bühnen und Fressgasse bedeuten müssen.

❸ Eppendorf

Die Popmusiker Jan Delay und Samy Deluxe wuchsen dort auf, Uwe Seeler ging dort zur Schule, Heinz Erhardt lebte dort: **Eppendorf,** als Hamburgs ältestes Dorf 1140 erwähnt und im 19. Jh. für Landsitze entdeckt, ist bis heute ein bevorzugtes Wohngebiet mit großzügigen Altbauwohnungen der Gründerzeit.

SEHENSWERT
Direkt an der Alster gelegen, gehört die Pfarrkirche **St. Johannis** (Backsteinturm 13. Jh., Fachwerk-Kirchenschiff 1622) zu den belieb-

testen Hochzeitskirchen Hamburgs. Institution ist der **Isemarkt** (Di. und Fr. 8.30–14.00 Uhr), dessen 200 Händler auf 970 m unter dem Viadukt der Hamburger Hochbahn zwischen Eppendorfer Baum und Hoheluftbrücke Delikatessen und Kunsthandwerk aus Hamburg und aller Welt anbieten. Beliebte **Bummel-, Schlemmer- und Shoppingstraßen** sind der feine Eppendorfer Baum, die Eppendorfer Landstraße, der Eppendorfer Weg mit Kastanien und die Erikastraße. Im „Kaufrausch" (Isestraße 74, www.kaufrausch-hamburg.de) trifft sich Eppendorfs Schickeria zu „Latte" und Prosecco, bevor sie nach Designer-Unikaten stöbert.

AKTIVITÄTEN

Tret- und Ruderboote gibt es bei Hamburgs ältestem Bootshaus (Silwar, Eppendorfer Landstraße 148b, Tel. 040 47 62 07, www.bootshaus-silwar.com). Nostalgische Badefreuden bietet das von Fritz Schumacher expressionistisch entworfene **Holthusenbad** (1912/1914).

UMGEBUNG

Er ist einer der wenigen weltweit, der noch von seiner Gründerfamilie geführt wird: **TOPZIEL Hagenbecks Tierpark,** eine parkähnliche Anlage (27 ha) mit Tropen-Aquarium und Eiswelt, gehört ebenfalls zu den Institutionen der Stadt – zu Hagenbeck geht man einfach als Hamburger, und es lohnt sich (Lokstedter Grenzstraße, Stellingen, Tel. 040 530 03 30, www.hagenbeck.de; Sommer tgl. 9.00–18.00, Winter tgl. 9.00–16.30 Uhr).

❹ Winterhude

Kaufmannsvillen und Arbeiterwohnungen, Stadtpark und Außenalster, City Nord und Jarrestadt: **Winterhude** reizt mit Kontrasten. Maßgeblich erschlossen wurde das Gebiet, bis ins 19. Jh. von ländlichem Charakter, vom Lotterie-Collecteur Julius Gertig und dem Goldschmied Johann Friedrich Bernhard Sierich –

Tipp

Klein-Jerusalem

Zu 30 Stätten der Vergangenheit und Zeugnissen des wieder erwachenden jüdischen Lebens in Hamburg führt der kostenlose Faltplan „Orte jüdischen Lebens und jüdischer Geschichte in Hamburg", der auch Tipps wie das Kulturcafé „Leonar" enthält, mit köstlichem Kuchen (erhältlich im Hamburg-Museum und bei der Tourist-Information im Hauptbahnhof).
An die Opfer der NS-Zeit erinnern zudem „Stolpersteine", vor deren letzten Wohnort in den Gehweg verlegt. Sie können auch per iPhone gesucht werden (kostenlose Applikation vom Verein „Geschichtswerkstätten Hamburg").

Die Kleinen können die Größten füttern: Hagenbecks Tierpark (links). Am Ahrensburger Schloss (rechts oben) und in Blankenese (rechts unten)

nach ihnen sind örtliche Straßen benannt. Trendige Läden und Lokale drängen sich entlang Mühlenkamp, Gertig- und Dortheenstraße. Zu den schönsten Wochenmärkten gehört der Goldbekmarkt am Goldbek-Kanal (www.goldbekmarkt.de; Di., Do. und Sa. 8.00–13.00 Uhr). Die im Stil der Neuen Sachlichkeit erstellte und nach einem früheren Bürgermeister benannte **Jarrestadt** (www.jarrestadt-archiv.de) gehört zu den größten sozialen Wohnungsbauprojekten des 20. Jh. Die 35 drei- bis sechsstöckigen Backsteinblocks für 9000 Menschen zwischen Wiesendamm, Goldbekufer und Jarrestraße wurden vom für Hamburg vielerorts stadtbildbestimmenden Oberbaudirektor Fritz Schumacher geplant. Die Idee für den Bau der **City Nord** stammt aus den USA; Wahrzeichen von Deutschlands ältestem Commercial Park sind die Vattenfall-Verwaltung, von Arne Jacobsen bis 1969 für die damaligen Hamburgischen Electricitäts-Werke erbaut, und das BP-Haus, als Benzolring aus Sechsecken entworfen. Der 148 ha große **Stadtpark**, 1914 nach Plänen von Fritz Schumacher und Fritz Sperber eröffnet, ist ein beliebtes Naherholungsziel mit Naturbad, riesiger Liege- und Sportwiese, Konzertbühne („Stadtpark Open-Air") und Standort des **Planetariums** (Hindenburgstraße 1b, Tel. 040 42 88 65 20, www.planetarium-hamburg.de), das mit Multimedia und Musik das Himmelreich als faszinierende Show präsentiert.

❺ Außenalster

Die Hamburger und ihre Alster, eine ewige Romanze. Zu Tausenden laufen, radeln und joggen sie das Ufer entlang, lümmeln sich in Liegestühlen auf dem Steg, hören das leise Gluckern des Wassers und sind überzeugt: Geblähte Segel vor der Silhouette der Stadt – einen schöneren Anblick gibt es nicht. Das **Alstervorland** wandelte sich 1953 für eine internationale Gartenausstellung zum Park mit Cafés, zugleich Anleger der Weißen Flotte.

AKTIVITÄTEN

Auf der Außenalster und ihren Kanälen verkehren die **Alsterdampfer** – im Advent zum Dämmertörn mit Glühwein. **Segeln** ist hier wegen der durch die Häuserschluchten verursachten Fallwinde recht anspruchsvoll; aber

man kann ja auch paddeln oder rudern (Bootsvermietung s. S. 121). Die Außenalster umgibt in Ufernähe eine 7,4 km lange **Joggingstrecke**; für Radfahrer gibt es einen separaten Weg. Wenn im Mai die Kirschbäume blühen, wird beim **Kirschblütenfest** als Zeichen der Verbundenheit mit Japan ein Feuerwerk entzündet.

UMGEBUNG

Auf die sumpfige **Uhlenhorst**, dem „Eulennest" östl. der Alster, musste erst Sand aufgeschüttet werden, ehe sie Mitte des 19. Jh. bebaut werden konnte – deshalb wohnt man hier auf der Uhlenhorst und nicht in Uhlenhorst. Dank der Unterstützung des ehem. ZEIT-Herausgebers Gerd Bucerius verwandelte sich eine spätklassizistische Alstervilla (1868) in ein rühriges **Literaturhaus** (Schwanenwik 38, Tel. 040 22 70 20 11, www.literaturhaus-hamburg.de), das mit Autorenlesungen, Workshops und Brunch im Ballsaal begeistert.
Bis zur Reformation beherrschte das 1293 gegründete Zisterzienserkloster **Harvestehude** den Geestrücken westl. der Alster. Da die Nonnen den neuen Glauben ablehnten, wurde ihr Kloster 1530 aufgelöst, das Land in ein Gut verwandelt, 1860 parzelliert und an Wohlhabende verkauft. Die dort errichteten Villen und Stadthäuser haben die Bombennächte des Zweiten Weltkriegs nahezu unbeschadet überstanden; eindrucksvoll sind sie am Harvestehuder Weg. Die rückwärtig gelegenen einstigen Kutscherkaten und Kleingärtnerhäuser wurden in den 1960er-Jahren von Antiquitätenhändlern entdeckt, denen Galeristen und Modemacher wie Jil Sander nach **Pöseldorf** folgten. Herzstück des **Grindelviertels** zwischen Grindelallee, Hallerstraße und Rothenbaumchaussee, einst Hamburgs „Klein-Jerusalem", ist die **Universität Hamburg,** an der rund 40 000 Studenten eingeschrieben sind. Ihr Hauptgebäude erhebt sich als Kuppelbau (1911)

an der Edmund-Siemers-Allee. Weitere 5000 Studierende hat die Technische Universität Harburg. Mediziner werden seit 1919 am Universitätsklinikum Eppendorf (UKE) ausgebildet. Im Grindelviertel lebten Ende des 19. Jh. rund 20 000 Juden. An ihre Verschleppung erinnert seit 1983 der **Platz der Jüdischen Deportierten** an der Moorweide mit einem Gedenkstein. Die Umrisse der zerstörten Synagoge am Bornplatz zeichnen Granitsteine nach. Auf Trümmerflächen ließen die britischen Besatzungstruppen ab 1946 zwölf Hochhausblöcke im Stil der klassischen Moderne als Hauptquartier planen. Nachdem diese Pläne hinfällig waren, wurden die **Grindel-Hochhäuser** mit auffällig gelber Verblendung bis 1956 als Wohn- und Bürobauten fertiggestellt.

6 Walddörfer

In ihrer Geschichte mal hamburgisch, mal holsteinisch: Heute zählen Volksdorf, Bergstedt, Wohldorf und Duvenstedt zu den begehrten Wohngebieten.

SEHENSWERT
An den bäuerlichen Ursprung erinnert das **Museumsdorf Volksdorf** (Im Alten Dorfe 46, Tel. 04 0 603 90 98, www.museumsdorf-volksdorf.de; Di.–So. 9.00–17.00 Uhr).
Der fast 8 km² große **Duvenstedter Brook** ist Hamburgs größtes Naturschutzgebiet und Lebensraum von Rot- und Damwild (Informationshaus, Duvenstedter Triftweg 140, Tel. 040 607 24 66; April–Okt. Di.–Fr. 14.00–17.00, Sa. 12.00–18.00, So. und Fei. 10.00–18.00 Uhr).

UMGEBUNG
Heute ein schleswig-holsteinischer Vorort Hamburgs, war das 800-jährige **Ahrensburg** lange adliger Gutsbetrieb. Aus dieser Zeit stammt auch das 1596 als Wasserburg errichtete **TOPZIEL Schloss**, heute Museum adliger Wohnkultur (Lübecker Straße 1, Tel. 04102 42 51 0, www.schloss-ahrensburg.de; März bis Okt. Di.–So. 10.00–17.00, sonst Mi., Sa. und So. 11.00–17.00 Uhr).

7 Bergedorf

Nachdem Hamburg und Lübeck den Ort 1420 erobert hatten, verwalteten sie den neuen Besitz gemeinsam. 1868 verkauften die Lübecker ihren Anteil an Bergedorf und an den südl. anschließenden Vier- und Marschlanden („Hamburgs Gemüsegarten") an Hamburg.

SEHENSWERT
Früheres Flair erhielt sich um die Alte Holstenstraße und am Sachsentor. Das **Renaissanceschloss Bergedorf** ist das einzige Schloss auf Hamburger Gebiet und dokumentiert als Museum für Bergedorf und die Vierlande Regionalgeschichte (Bergedorfer Schlossstraße 4, Tel. 040 428 91 28 94, www.bergedorfer-museumslandschaft.de; Di.–So. 11.00 bis 17.00 Uhr).

DuMont Aktiv

Wattwandern in Hamburg?

Ja, auch das ist im Stadtstaat möglich. Zum Hoheitsgebiet der Hansestadt gehören 13 750 Hektar Wattenmeer westlich der Elbmündung mit den Inseln Neuwerk, Scharhörn und Nigehörn, das gut 100 Kilometer von der Innenstadt entfernt zum Wattwandern lädt.

Das UNESCO-Welterbe Wattenmeer, zu dem auch die Hamburger Gebiete gehören, ist wegen seines schnell erwärmten Wassers und durch das Fehlen großer Raubfische die Kinderstube der Meere: In den Nordseefluten wachsen Schollen, Heringe und Seezunge heran und werden junge Seehunde, Kegelrobben und Schweinswale aufgezogen. Die Inseln sind zentrale Rastplätze des Ostatlantischen Zugweges der Küstenvögel und bedeutende Brutstätte für Seevögel. Am schönsten lässt sich das sensible Ökosystem auf einer Wattwanderung erleben.

Ausgangspunkt ist Cuxhaven, wo zwei durch Pricken markierte Wattwanderwege zur Hamburger Insel Neuwerk beginnen. Die Zwölf-Kilometer-Route von Cuxhaven-Duhnen dauert rund dreieinhalb Stunden; von Sahlenburg aus wird Neuwerk nach zehn Kilometern bzw. drei Stunden erreicht. Da unerfahrene Wattwanderer immer wieder von der auflaufenden Flut überrascht werden, empfiehlt sich eine organisierte Wanderung, wie sie zertifizierte Wattführer anbieten. Da der Hin- und Rückweg nach Neuwerk binnen einer Tide nicht zu schaffen ist, wird eine der Wegstrecken immer mit dem Schiff oder mit dem Wattwagen zurückgelegt. Es sei denn, man bleibt über Nacht – auf dem Mini-Eiland gibt es bei zehn Betrieben Kost und Logis.

Weitere Informationen

Zu einer Wattwanderung sollte zweieinhalb Stunden vor Niedrigwasser aufgebrochen werden, um das Ziel noch bei ablaufendem Wasser zu erreichen. Über die Gezeiten informiert der Tidenkalender. Zur passenden Kleidung gehört Regenzeug und Schuhwerk, da nackte Füße an Muscheln verletzt werden können (Nationalpark-Station Neuwerk, Turmwurt, 27499 Insel Neuwerk, Tel. 04721 6 92 71, www.nationalpark-hamburgisches-wattenmeer.de).

Wo Zeitgeist und Lebenslust pulsieren

„Wer noch niemals in lauschiger Nacht, einen Reeperbahn-Bummel gemacht, ist ein armer Wicht, denn er kennt dich nicht, mein St. Pauli, St. Pauli bei Nacht." Wie einst Hans Albers, bummeln heute jährlich 20 Millionen Menschen vom Millerntor auf der Reeperbahn hinauf zum Hamburger Berg: St. Pauli ist das größte Vergnügungsviertel in Europa. Und St. Georg, „Schanze" und „Karo"? Für viele Hamburger haben sie dem „Kiez" längst den Rang abgelaufen.

In der „Prinzenbar" schlagen die Reeperbahn-Festival-Wellen hoch – gelegen in der Reeperbahnparallele Kastanienallee

Die legendäre Davidwache versucht, Ordnung
ins Vergnügungschaos zu bringen

Der Straßenname Große Freiheit vermittelt
längst ganz andere Entfaltungsmöglichkeiten
als von den Gründungsvätern damals im
17. Jahrhundert erkämpft

Der Spielbudenplatz macht seinem Namen
mit Großveranstaltungen wieder Ehre

St. Paulis Herz schlägt auf der Reeperbahn. Die „Meile" durchs Milieu ist die berühmteste Straße der Stadt – und war bis vor wenigen Jahren auch ihre berüchtigtste. Dabei ist ihr Name höchst unschuldig. Er verweist auf die Vergangenheit. Der breite Boulevard war einst der Arbeitsplatz der Reepschläger. Zum Schlagen ihrer Hunderte Meter langen Taue brauchten die Seiler gerade, lange Bahnen. Die Seiler gingen, Sex und Schmuddel kamen.

Heute erlebt die Reeperbahn ein Revival. Das einstige Sündenbabel, in den 1960er- und 1970er-Jahren zum Zentrum der Beat- und Subkultur aufgestiegen, ist längst wieder gesellschafts-

fähig. Die ganz eigene Mischung aus Maritim, Mythos und Milieu, Kunst und Kultur, Schlemmen und Shopping, Tanz und Theater, Bars und Boutiquen fasziniert Einheimische wie Auswärtige. Schillernde Gestalten und Prominenz bummeln über den Boulevard, tanzen in früheren Peepshows zum neuesten Sound, entspannen in einstigen Sex-Clubs beim Chill-Out mit Cocktails und Fingerfood, treffen sich im „Café Keese", betrachten lächelnd die Wachsfiguren im Panoptikum und genießen das Flair von Hafennähe. Im Operettenhaus, mehr als ein Jahrzehnt Kultstätte für „Cats"-Fans, erleben Zuschauer aus aller Welt heute rauschende Deutschland-Premie-

ren international erfolgreicher Musicals. Curd Jürgens, O. W. Fischer, Elke Sommer, Marika Rökk und Maria Callas standen im St. Pauli Theater auf den Brettern, die die Welt bedeuten. Immer wieder gelingt es dem ältesten Theater Hamburgs seine Zuschauer mit Volks- und Boulevardstücken, gewürzt mit einer Prise Zeitgeist, zu fesseln: von „Anatevka" bis zur Beatles-Story „All you need is love".

Das Leben als Bühne

Zentrum der Theaterszene ist der Spielbudenplatz, ein längliches Carrée zur Hafenseite der Reeperbahn. Bereits im 18. Jahrhundert unterhielten hier Artisten

Das „East Hotel" ist ein Designkunstwerk. Sein Restaurant kokettiert
mit der industriellen Vergangenheit als Eisengießerei

Tim Mälzers „Bullerei" in den historischen Viehhallen
ist ein Tipp für alle, die Fleisch lieben

und Gaukler, Seiltänzer und Musiker mit allem, was innerhalb der Stadtmauern nicht gestattet war. Auch Carl Hagenbeck hat hier einst mit Seehunden in Waschzubern angefangen. In dieser Tradition eroberte vor bald 25 Jahren ein Haus die Herzen der Hamburger mit schrillen Shows und frecher Comedy: das Schmidt Theater des westfälischen Theatermachers Corny Littmann, der im „steifen" Hamburg sein Schwulsein öffentlich machte und in seiner Paraderolle als „Tante Gerda" sein Theater ins Fernsehen brachte. Im benachbarten Schmidt Tivoli erzählt das Musical „Die heiße Ecke" die Geschichte des gleichnamigen Kult-Imbisses, an dem sich bis zum Abriss Anfang 1990 ganz St. Pauli traf. Sollte es nicht nur eine Bratwurst sein, tafelten sie bei Hamburgs ältestem Italiener, „Cuneo". 1905 eröffnete der Großvater von Francesco Antonio Cuneo das Lokal, direkt neben den Huren der Herbertstraße. Italienische Hafenarbeiter waren die ersten Gäste, die tagsüber Schlamm aus dem Hafen schaufelten und abends ein Stück Heimat suchten. In den 1960er-Jahren fanden Künstler und Journalisten, Schauspieler, Politiker und Prominente den Weg in die Trattoria – und oft erst im Morgengrauen wieder hinaus aus dem stets proppenvollen Lokal.

Kreatives Karo

Jenseits des Heiligengeistfeldes duckt sich das „Karo" im Schatten der Hamburg Messe, die für ihre Expansionspläne schon mehrfach die Hand nach dem gründerzeitlichen Gelände ausgestreckt hatte. 50 Jahre lang lebte das Karolinenviertel in der Angst vor Abriss. Alteingesessene zogen fort, Immigranten, Studenten und Alternative rückten nach in die Wohnungen und Häuser, die zunehmend verfielen. Erst mit dem Abbruch der alten Messehallen und Bau der „Neuen Messe Hamburg" auf dem Messegelände und benachbartem Bahngelände konnte das „Karo" aufatmen – und sein Potential entfalten. Heute gilt das Quartier mit fast dörflichem Flair als Hot Spot der

Schanzenstraße und Susannenstraße spiegeln das junge Lebensgefühl, das Bewohner und Besucher des Schanzenviertels suchen

In der Weinhandlung Oxhoft gibt es nicht nur erlesene Weine, hier in der Ottensener Kleinen Rainstraße wird auch passendes Essen zur Weinprobe serviert

Gute Laune beim Schlagermove, Grillstimmung beim Schanzenfest und nachbarlicher Schwatz auf der Langen Reihe in St. Georg

Unorthodoxe Modeideen aus dem Schanzenviertel:
Taschen-Shop „Tausche" in der Schanzenstraße

Sehen und gesehen werden: abendliches Treiben
auf dem Schulterblatt

Kreativen, seine Marktstraße als die Meile für Secondhand- und Designermode: sehr angesagt, sehr individuell und nicht ganz billig.

Spannungsreiche Schanze

Der einstige Schlachthof trennt das „Karo" von der „Schanze", unter deren trendig-stylischer Oberfläche es immer noch brodelt. Wie an jenem friedlichen Samstagmorgen. Menschen sitzen auf der Schulterblatt-Piazza und genießen die Sonne, Anwohner haben einen Flohmarkt organisiert, ein Straßenmusiker spielt auf. Sieben Stunden später riecht die Luft nach verbranntem Plastik, rufen Autonome „ACAB" (All Cops are Bas-

tards), vertreiben Wasserwerfer die Vermummten, überprüfen 2100 Polizisten Personalien. Spät in der Nacht fahren Kehrmaschinen über das Kopfsteinpflaster, sammeln Grillteller und Farbbomben ein. Im Schanzenviertel ist wieder Ruhe eingekehrt. Bis zum nächsten Jahr, bis zum nächsten Schanzenfest im September.

Gerade diese Spannung zwischen sozialem Brennpunkt und Szeneviertel macht für viele den Reiz der „Schanze" aus. Das einst kleinbürgerliche Arbeiterviertel zwischen Schlachthof und Schulterblatt wurde in den 1970er-Jahren zum Schmelztiegel von Aussteigern, Künstlern und Punks. Dönerlokale,

portugiesische Cafés, Bok-Imbisse und kleine Boutiquen zogen in einstige Tante-Emma-Läden und entfalteten eine Sogwirkung, der sich besonders die New Economy in den 1990er-Jahren nicht verschließen konnte: Die Schanze wurde schick. Multimedia eroberte die Gewerbehöfe und Gründerzeitwohnungen, Friedrich Kurz plante ein Musicaltheater. Ein fataler Fehler. Als seine Abrisspläne für die marode „Rote Flora" bekannt wurden, eskalierten die Proteste. 1989 besetzte eine linksorientierte Initiative den Bau und betreibt es seitdem als autonomen Kulturtreff und Café – mit regelmäßigen Razzien der Polizei.

MUSIKSTADT HAMBURG

Der „Hamburg Sound"

Vor mehr als 50 Jahren, am 17. August 1960, hatten die Beatles ihren ersten Auftritt im Hamburger Musikclub „Indra". Zum Sprungbrett ihrer Karriere wurde besonders eine Bühne, deren Eröffnung 1962 rote Plakate ankündigten: der „Star-Club" in der Großen Freiheit.

In den Musikclubs der Reeperbahn mixten sich Skiffle und Rock'n'Roll zu einem aufregend anderen Beat – dem „Hamburg Sound". Die neuen Töne aus Hamburgs Rotlichtviertel St. Pauli inspirierten eine ganze Generation und legten die Grundlagen der heutigen Popkultur. Im Star Club traten neben den Beatles alle bekannten Musiker der 1960er-Jahre auf: The Everly Brothers, Gerry and The Pacemakers, Little Richard, Jerry Lee Lewis, Ray Charles, aber auch Hamburger Bands wie die Rattles, deren Gründer Achim Reichel bis heute eine feste Größe im Hamburger Musikgeschäft ist. Unter den Musikern war auch Ulf Krüger, der zum Chronisten der Beatles in Hamburg wurde und seine umfangreiche Sammlung 2006 dem Hamburg Museum für dessen große „Hamburg Sounds"-Retrospektive zur Verfügung stellte. Den unverwechselbaren Look der Beatles kreierte die Hamburger Fotografin Astrid Kirchherr, die mit dem damaligen Beatles-Bassisten Stuart Sutcliffe verlobt war. Sie sorgte dafür, dass die Beatles nach Vorbild der französischen Existentialisten ihre Haare wachsen ließen und nach vorne kämmten – die Jungs aus Liverpool wurden so zu den unverwechselbaren „Pilzköpfen".

Auf den Spuren der Beatles

Der „Kaiserkeller," wo die Beatles im Anschluss an ihr Engagement im „Indra" spielten, wird heute als Diskothek genutzt. Die darüber liegende „Große Freiheit 36" ist eine der Hauptbühnen des Reeperbahn Festivals. Rund 170 internationale Newcomer holt Deutschlands größtes Club-Festival jeden September in „Germany's most creative neighbourhood" – drei aufregende Nächte voll spannender Musik, in denen auch Hamburger Künstler und Bands auftreten. Im Festivalticketpreis inbegriffen ist eine Beatles-Führung der Musikerin Stefanie Hempel mit Anekdoten aus der Beatles-Ära und passenden Songs. Wer sich weiter auf die Spuren der „Fab Four" begeben will, findet noch die Hamburger Beatles-Bühnen wie das „Top Ten" und den „Star Club". Als der eröffnet wurde, schossen die Beatles mit ihrer ersten Single „Love Me Do" auf Platz 17 der britischen Charts und wurden Weltstars. Und John Lennon sollte später einmal sagen: „Ich bin zwar in Liverpool geboren, doch erwachsen wurde ich in Hamburg."

Die legendären Adressen von einst – Große Freiheit und Reeperbahn – bleiben wohl für die Ewigkeit konserviert

Fakten & Informationen

Hamburg Sounds heute: Die interessantesten Hamburger Songwriter, Newcomer und jüngsten Entwicklungen auf einem der spannendsten Musikmärkte der Republik präsentiert seit 2007 einmal im Monat NDR 90,3-Moderator Christian Buhk bei „Hamburg Sounds"-Konzerten in der Altonaer Fabrik. Wer nicht dabei sein kann: Die „Hamburg Sounds" gibt es auch auf CD.

Tickets und Informationen: NDR Ticket Shop, Mönckebergstraße 7, Tel. 0180 1 78 79 80, www.ndr.de/unterhaltung/events/hamburg_sounds.

In Hamburg sind die Nächte lang ...

... wusste schon Freddy Quinn – und das nicht nur „Auf der Reeperbahn nachts um halb eins", wo Hans Albers sein Glück suchte. Längst locken andere Quartiere mit ihrem ganz besonderen Flair: das Gay Village St. Georg, die alternative Subkultur der „Schanze" und das „Karo" mit seinem Gespür für Trend und Design.

❶ St. Georg

Ein Leprahospital gab um 1200 der Vorstadt ihren Namen, die Jahrhunderte lang Sammelbecken war für alle, mit denen das ehrenwerte Hamburg nichts zu tun haben wollte: Arme und Alte, Ausländer und Aussteiger, Kranke, Junkies, Luden und Nutten. Doch seit 1989 ist das Viertel im Sog der Gentrifizierung, explodieren die Grundstücks- und Mietpreise, hat sich St. Georg in ein angesagtes Szeneviertel verwandelt.

SEHENSWERT

Der **Hauptbahnhof** besaß 1906 die größte Bahnhofshalle Deutschlands: 73 m breit und 37 m hoch spannt sich das gusseiserne Gewölbe über 14 Gleise; Schmuckstück der Wandelhalle ist der 1925 eröffnete Blumenladen Holthusen mit seinen Jugendstilkacheln. Die ehem. Maschinenfabrik (1924) Koppel 66 ist heute ein **Haus für Kunst und Handwerk**, in dem 20 Künstler – Weber, Goldschmiede, Maler und Buchbinder – ihre Werkstätten öffnen und zu Ostern und im Advent zu Kunsthandwerkermessen laden (Koppel 66, Tel. 040 43 27 09 34, www.koppel66.de). In der **Langen Reihe** wurde Hans Albers (1891–1960) geboren; wo sich heute Lifestyle-Boutiquen und Straßencafés mit Falafel-Buden und Asia-Läden mischen, startet Anf. Aug. die Parade zum **Hamburg Pride,** dem Christopher Street Day der Hansestadt (www.hamburg- pride.de). Der als Drogenumschlagplatz bundesweit berüchtigte **Hansaplatz** gilt seit seiner Neugestaltung 2011 als clean. Kontrastprogramm dazu ist das 1909 an der Alster eröffnete **Hotel Atlantic,** in dem der Deutschrocker Udo Lindenberg sein Domizil hat – und ein eigenes Kino.

AUSGEHEN

Internationales Variété serviert zu kulinarischen Köstlichkeiten vom „Fischereihafen"-Chef Rüdiger Kolwalke das **Hansa-Theater** (Steindamm 17, Tel. 040 471 10 60, www.hansa-theater.de; Ende Okt.–Febr.). Eine umfangreiche Cocktail- und Whiskey-Karte und im Sommer die „a-mora"-Bootssteg-Bar an der Außenalster besitzt die **Bar Hamburg**

Auf dem Spielbudenplatz (links). Das „Café Gnosa" an der Langen Reihe (rechts oben). Die „Schanze" kennt noch Eckkneipen (rechts unten)

(Rautenbergstraße 6, Tel. 040 28 05 48 80, www. barhamburg.com). Das **Café Gnosa** ist eine angesagte schwul-lesbische Café-Kneipe mit eigener Konditorei (Lange Reihe 93, Tel. 040 24 30 34, www.gnosa.de). Bunte Strahler weisen den Weg zum **Golden Cut** (Holzdamm 61, Tel. 040 85 10 35 32, www.goldencut.org), seit zehn Jahren die Partybude beim Hauptbahnhof. Die **Turnhalle** serviert beliebte Brunch- und Mittagsbüffets, wagenradgroße Torten und eine beeindruckende Getränkeauswahl (Lange Reihe 107, Tel. 040 28 00 84 80, www.turnhalle. com). Das **Restaurant Cox** bietet eine köstliche kleine, feine Karte (Greifswalder Straße 43, Tel. 040 24 94 22, www.restaurant-cox.de).

EINKAUFEN

Unikate und limitierte Auflagen, mit denen Hamburger Designer und Künstler ihrer Heimatliebe Ausdruck gegeben haben, gibt es im winzigen Künstlerkaufhaus **The Art of Hamburg** (Lange Reihe 99, Tel. 040 41 42 44 19, www.the-art-of-hamburg.de). Kräuter, Gewürze, Tees und ätherische Öle zum Entspannen, Wohlfühlen

und Gesunden bietet das **Kräuterhaus** (Gewerbehof, Koppel 34, Tel. 040 24 00 00, www. kraeuterhaus.net). **Mutterland** präsentiert Delikatessen aus Deutschland und typisch Hamburger Spezialitäten (Ernst-Merck-Straße 9/ Ecke Kirchenallee, Tel. 040 28 40 79 78, www. mutterland.de). **Policke Herrenbekleidung** ist die Hamburger Institution für Herrenmode (Böckmannstraße 1a, Tel. 040 24 39 22, www. policke-herrenkleidung.de).

❷ Schanzenviertel

Die 1682 sternförmig angelegte Bastion Sternschanze im heutigen Schanzenpark gab dem Viertel seinen Namen. Der 60 m hohe Schanzenturm (1910), zunächst Wasserspeicher, ist heute

Hotel. In den 1970er-Jahren verwandelten Studenten das einstige Arme-Leute-Quartier in ein linksalternatives Szeneviertel; mit dem Boom des Internets brachten die Pioniere der New Economy Stil und Schick. Die Gentrifizierung des Viertels verläuft nicht ohne Auseinandersetzungen; berüchtigt ist die „Tanz-in-den-Mai-Randale". Mit der Roten Flora hat hier das letzte Hausbesetzer-Projekt der Hansestadt überdauert – inmitten der schick sanierten Schulterblatt-Piazza. Zu Krawallen und Polizeieinsätzen kommt es auch beim Schanzenfest, das seit 1988 Anf. Sept. gefeiert wird.

BARS UND CAFÉ

In ein ehem. Kurbad ist die **Bar Rossi** mit 1970er-Flair eingezogen (Max-Brauer-Allee 279, Tel. 040 43 34 21). Von der Dachterrasse des **Club 13** direkt darüber öffnet sich der schönste Blick auf das Viertel. Das Café **Unter den Linden** ist im Viertel die beste Frühstücksadresse (Juliusstraße 16, Tel. 040 43 81 40, www.cafe-unter-den-linden.net).

EINKAUFEN

Bei **chicks'n'dicks** gibt es coole Musthaves für Trendbewusste (Susannenstraße 4, Tel. 040 55 77 53 44, www.chicksndicks.de). **Second Schanze** bietet Musterkollektionsteile und topaktuelle gebrauchte Outfits (Weidenallee 54, Tel. 040 43 27 64 34, www.secondschanze.de).

Tipp

Reeperbahn Festival

170 Bands und Solisten bringen am letzten Wochenende im Sept. 40 Clubs auf der und um die Reeperbahn zum Beben – mit Gigs von Indie-Rockern und Electro-Punks, Neo-Folkern und Schmusebarden, von Newcomern und bekannten Namen. Auch Literaten, Filmemacher, Videokünstler und andere kreative Köpfe sind dabei .

INFORMATION

Auf der Internetseite www.reeperbahnfestival.com

Der Kilimanschanzo hinter der Roten Flora ist in jeder Weise eine Herausforderung (oben). Ein eigen Ding: die „Rote Flora" (unten)

③ Karolinenviertel

Bindeglied zwischen „Schanze" und Karoviertel (www.karolinenviertel.de) ist der frühere Schlachthof. Die alte Rinderschlachthalle dient als Karo-Musikhaus, Kreativzentrum für junge Unternehmen aus der Musikbranche, in die historischen Viehhallen zog Tim Mälzer mit seinem Restaurant „Bullerei". Im Norden und Osten wird das Viertel von der Hamburg Messe und dem Fernsehturm (279 m, 1968) begrenzt. Südl. der Feldstraße schließt sich die fast 30 ha große Freifläche des Heiligengeistfeldes an, auf der dreimal jährlich das Volksfest „Dom" stattfindet. Einkaufsmeile des Viertels, in dem es keine Filialen bundesweiter Ketten, sondern nur kleine, individuelle Boutiquen und Design-Ateliers gibt, ist die Marktstraße.

AUSGEHEN

Das **P36** ist eine Shisha (Wasserpfeifen-) Bar an der Verbindungsachse zwischen „Karo" und „Schanze" (Feldstraße 37a, Tel. 040 43 09 96 68). Das **Knust** bietet in der alten Rinderschlachthalle Live-Musik und Kneipenstimmung (Neuer Kamp 30, Tel. 040 87 97 62 30, www.knusthamburg.de). **Uebel & Gefährlich** ist ein Live-Musikclub mit Dachterrasse im Feldstraßen-Bunker und enormer Bandbreite bei Künstlern und Konzerten (Feldstraße 66, www.uebelundgefaehrlich.com). In Tim Mälzers **Bullerei** sind nicht nur Fleischliebhaber richtig (Lagerstraße 34b, Tel. 040 33 44 21 10, www.bullerei.com). Nebenan gibt es in Mälzers **Café Deli** ab 11.00 Uhr Kleinigkeiten zu essen.

EINKAUFEN

Zeitlosen Schmuck von Goldschmied Neil Saad, der für den FC St. Pauli eine Fußball-Kollektion kreierte, gibt es im **AG999** (Karolinenstraße 30, Tel. 040 29 89 85 92, www.ag999.de). Anna Fuchs bietet feminine Mode für jeden Auftritt (Karolinenstraße 27, Tel. 040 40 18 54 08, www.annafuchs.de). **Inga Thomas** fertigt Modellschuhe von der Sohle bis zum Riemchen per Hand – ausgefallene Schuh-Unikate (Marktstraße 5, Tel. 040 18 19 15 19, www.ingathomas.de), **Sylvia Jungbluth** Reifröcke, Lackkleider und maßgeschneiderte Korsagen (Marktstraße 25, Tel. 040 43 18 97 42, www.jungbluth-design.de).

④ St. Pauli

Bis zur Aufhebung der Hamburger Torsperre 1860/1861 lag St. Pauli genau zwischen den beiden Städten Hamburg und Altona. In die Vorstadt wurde alles abgedrängt, was innerhalb der Stadtmauern wegen Brandgefahr, Gestank, Lärm oder Unmoral unerwünscht war – vom Pesthof über Tranbrennereien und Glashütten bis zu Gauklern und Huren.

SEHENSWERT

Auf der **TOPZIEL** Reeperbahn stellten Reepschläger von 1373 bis 1883 Schiffstaue aus Hanf her; geringwertigeres Tauwerk wurde auf der 50 m langen Seilerbahn in der Seilerstraße geschlagen. Kapitäne und Seeleute, die dort ihre Takelage fertigen und ausbessern ließen, lockten auch das älteste Gewerbe der Welt an. Mit der industriellen Fertigung von Seilen verschwanden die Reeper – die Damen blieben. Das östl. Entrée zur sündigen Meile bilden die 24-stöckigen **Tanzenden Türme** (2012, Bothe Richter Teherani) mit dem Mojo-Musikclub, Büros und dem Vier-Sterne-Hotel „Onyx". Das **Panoptikum** birgt Deutschlands älteste Welt aus Wachs – seit jüngstem auch mit Lena Meyer-Landrut (Spielbudenplatz 3, Tel. 040 31 03 17, www.panoptikum.de; Mo.–Fr. 11.00–21.00, Sa. 11.00–24.00, So. 10.00–21.00 Uhr). Ab 1795 kamen auch Gaukler und Künstler nach St. Pauli; wo einst ihre Buden standen, konzentriert sich am Spielbudenplatz bis heute die **Theaterszene** des Kiez. Mi. gastiert 16.00 bis 23.00 Uhr der St. Pauli Nachtmarkt auf dem Platz; im Dez. der „geilste Adventsmarkt der Stadt". Fritz Schumacher entwarf den Backsteinbau der **Davidwache** (1914) am Eingang zur Davidstraße mit ihren Prostituierten. Von der Schlacht bei Bornhöved 1227 bis hin zum „Zuhälterkrieg" der 1980er-Jahre präsentiert das **St.-Pauli-Museum** Streiflichter der

Stadtteilgeschichte (Davidstraße 17, Tel. 040 439 20 80, www.kiezmuseum.de; Di.–Do. 11.00 bis 21.00, Fr. und Sa. 11.00–23.00., So. 11.00 bis 20.00 Uhr). Ein paar Schritte weiter warnt „Kein Zutritt für Jugendliche und Frauen" auf den Sichtschutzwänden vor der **Herbertstraße**, einer 60 m langen Bordellstraße. Die **Kleine und die Große Freiheit** erinnern an die Glaubens- und Gewerbefreiheit, von Ernst Graf von Holstein-Schauenburg 1612 seinen Altonaer Bürgern gewährt; die katholische Gemeinde baute in der Großen Freiheit 1718 ihre barocke St.-Josephs-Kirche.

Im „Indra" begannen die **Beatles** ihre Karriere. Zu Ehren der Pilzköpfe wurde der Beatles-Platz als riesige Vinylscheibe mit metallenen Umrissen der urspr. fünf Bandmitglieder eingeweiht.

THEATER UND KABARETT

Artistik und Akrobatik, Kleinkunst und Konzerte zum Dinner bieten die **Fliegenden Bauten**, die darauf hoffen, ihr Theaterzelt schon bald gegen ein festes Haus einzutauschen; daher ruht derzeit der Theaterbetrieb (www.fliegende-bauten.de). Der Spielplan des **Imperial Theaters** kennt nur ein Thema: Krimis – als spannender Klassiker, humorvolle Komödie und packender Psychothriller (Reeperbahn 5, Tel. 040 31 31 14, www.imperial-theater.de). „Schmidt Mitternachtsshow" machte die beiden Theater von Corny Littmann berühmt; heute ist das Musical „Die heiße Ecke" Publikumsmagnet (**Schmidt Theater & Schmidt Tivoli**, Spielbudenplatz 24, Tel. 040 31 77 88 99, www.tivoli.de). Jüngstes Kind Littmanns ist das **Schmitchen**, ein weiteres Verzehrtheater, das Newcomern und etablierten Künstlern sowie „schmidtigen" Komödien eine Bühne bietet (Spielbudenplatz 21, s. Schmidt Theater). Leichte Muse mit Niveau ist der Anspruch des **St. Pauli Theaters**, auf dessen Bühne schon Freddy Quinn, Ulrich Tukur, Eva Mattes und Mathias Richling standen (Spielbudenplatz 29, Tel. 040 31 59 31, www.st-pauli-theater.de), Travestie, Akrobatik, Show und Comedy mit frivolem Flair im **Pulverfass** (Reeperbahn 147, Tel. 040 24 97 91, www.pulverfasscabaret.de; Shows um 20.30 und 23.30 Uhr).

LIVE CLUBS

Guten Soul, Funk, Pop und Rock mit großer Bar, loungigen Sitzecken und kleiner Tanzfläche bietet **Angie's Nightclub** (Spielbudenplatz 27, Tel. 040 31 77 88 11, www.tivoli.de). GoGo-Girls und Konzerte mit Geheimtipp-Faktor das **Docks** zum In-Treff (Spielbudenplatz 19, Tel. 040 317 88 30, www.docks-prinzenbar.de). Alles, was rockt, ist das Motto in der **Großen Freiheit 36** – die Live-Konzerte beginnen oft sehr spät. Musik aller Stilrichtungen gibt es im Untergeschoss im **Kaiserkeller** (Große Freiheit 36, Tel. 040 317 77 80, www.grossefreiheit36.de). Einer der ältesten und besten Live-Clubs des Kiez, eine Legende aus den 1960er-Jahren, ist das **Gruenspan** (Große Freiheit 58, Tel. 040 31 79 34 83, www.gruenspan.de). Do. ab 21.00 Uhr gibt der Musikclub **Indra** die Bühne frei zur Jam Session; ab Ostern Sommergarten (Große Freiheit 64, Tel. 040 43 26 43 30, www.indramusikclub.com; Mi.–Sa. ab 15.00 Uhr).

Genießen   Erleben   Erfahren

DuMont
Aktiv

Elbparty mit Frau Hedi

Schiff ahoi zur Party! Von Mai bis September schippert die Barkasse „Hedi" jedes Wochenende als Club-Schiff über die Elbe. Bei Swing, Soul oder dem Sound der Sixties wird fünf Stunden lang an Bord gechillt und getanzt – und stündlich können neue Partygänger zusteigen.

In der Sommersaison verwandelt sich eine alte Hamburger Hafenbarkasse in einen angesagten Partydampfer: die „MS Hedi". Von den Hamburger Landungsbrücken startet sie stündlich zum „Tanzkaffee" durch den Hafen, fährt an großen Pötten vorbei, tuckert auch dorthin, wo andere Hafenrundfahrten nie fahren, und unterhält unterwegs nicht mit Döntjes, sondern mit Musik. Das Programm an Bord wechselt so häufig wie der Seegang; zu sanftem Schaukeln legen DJs Soul, Swing, Tango und Rock auf, bei spiegelglattem Elbwasser geben feine Bands kleine Konzerte, sind Clubs wie „Revolver Club" oder „Golden Pudel Club" zu Gast, oder lädt „Frau Hedi" alias Partymacher Andreas Schnoor zum Feierabendboot mit Freisekt. Sonntags wird es beschaulich: Zu Kaffee und Kuchen werden Lesungen oder loungige Jazzmusik geboten.

Da „Tante Hedi" nur 100 Gäste an Bord empfangen kann, gibt es seit Kurzem eine zweite Barkasse, „MS Claudia", die sich mit Techno und House jünger und wilder gibt.

Weitere Informationen

Frau Hedi, Bei den St. Pauli Landungsbrücken, Brücke 10 (Innenkante), Tel. 040 42 10 28 23, www.frauhedi.de

Wenn die Barkassen vertäut am Kai liegen, lockt „Hedis Landgang" (Neuer Pferdemarkt 3) – eine intime Konzertbar in Rot, Gold und Glitzer, die mit Konzerten und Themenabenden das ganze Jahr hindurch bis weit nach Mitternacht unterhält.

Bühne frei für große Kunst

Hochkarätige Festivals, international beachtete Theaterinszenierungen, eine lebendige Musik- und Museumsszene und das Prestigeprojekt Elbphilharmonie: Kultur, das haben die Hanseaten mit spitzem Bleistift kalkuliert, rechnet sich – als Faktor im Standortmarketing. Und wo die Stadt sparen muss, sorgen Bürger und großzügige Mäzene mit ihren Spenden für Vielfalt.

Eine Musikbühne für die Bürger: Theaternacht in der Hamburgischen Staatsoper mit Giuseppe Verdis „Rigoletto"

Hamburger Bürger ließen sich 1900 für eine Million Reichsmark ihr Deutsches Schauspielhaus errichten.
Es zeigt sich dem Geist der Kaiserzeit entsprechend in üppigem Neorokoko

1843 wurde das klassizistische Thalia-Theater eröffnet. Ursprünglich Lustspielen
gewidmet, avancierte es zu einer der führenden deutschen Sprechbühnen

Die Ballett-Compagnie der Staatsoper hat Weltruf, aber auch die Veranstaltungen der Kulturfabrik Kampnagel und das Deutsche Schauspielhaus finden viel Beachtung

Im Operettenhaus kennen die Zuschauer keine Zurückhaltung: Frenetisch beklatschten sie 2012 die Weltpremiere des Boxermusicals „Rocky", bei der Promis wie Silvester Stallone und die Klitschko-Brüder über den roten Teppich flanierten. Seit Kurzem wird auf der berühmten Premieren-Bühne die Geschichte des „Phantoms der Oper" weiter erzählt, das 1990 seine Deutschlandpremiere in Hamburg erlebt hatte: In „Liebe stirbt nie" reist Christine Daaé mit Ehemann und Sohn für ein Engagement nach Coney Island – und trifft dort auf das Phantom. An dessen alter Wirkungsstätte, 1990 extra für das Erfolgsmusical erbaut worden, begeistert seit der Europa-

premiere vom Herbst 2015 das zweite Disney-Musical der Hansestadt im Stage-Theater „Neue Flora" Musicalfans von nah und fern: „Aladdin" – der neue Hamburger Broadway-Hit mit arabischen Nächten. Disneys „König der Löwen" hat in den letzten 14 Jahren mehr als eine Million Zuschauer in der Musical-Metropole begeistert, die ihre farbenfrohe Afro-Show mit maritimem Flair würzt: Hin zum gelben Theaterzelt im Hafen geht es im Schiffs-Shuttle.

Nächtliche Kulturreise

Die rund drei Dutzend Theater der Hansestadt eröffnen alljährlich die neue Spielzeit mit der „Hamburger Theaternacht",

Nicht immer sind Wunder so einsichtig wie in der gleichnamigen Ausstellung in den Deichtorhallen (oben links). Schon 1817 wurde ein Kunstverein gegründet, der später in den Sammlungen der Hamburger Kunsthalle aufging; zu den beachteten Ausstellungen gehörte die mit Werken Max Liebermanns (oben rechts). Kunsthistorischer Kontrapunkt ist der kubische Bau der Galerie der Gegenwart (unten). Das Museum der Arbeit zog in die gründerzeitlichen Produktionsgebäude einer ehemaligen Gummifabrik; zum Wahrzeichen wurde das monumentale Schneidrad des Elbtunnelbohrers mit dem programmatischen Namen „Trude", d.h. **t**ief **r**unter **u**nter **d**ie **E**lbe (unten rechts)

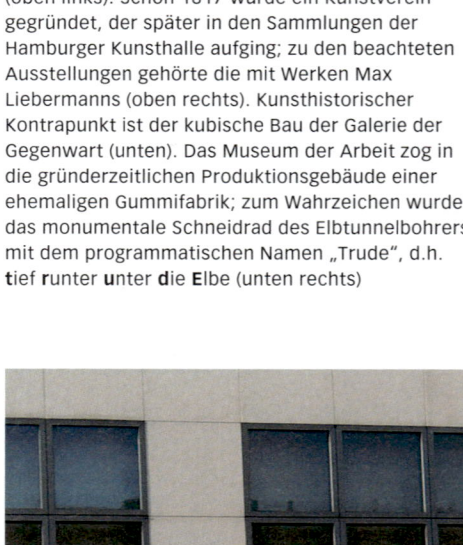

die nicht nur im großen Saal, sondern auch in den Foyers, auf den Fluren, in den Bars und sogar vor der Tür Einblicke in die Genrevielfalt und die neuen Produktionen der Hamburger Bühnen gibt. Schauspielkunst der Spitzenklasse garantieren Kammerspiele, Thalia-Theater und Deutsches Schauspielhaus. Kampnagel zeigt Tanz und trendige Performances in einer früheren Kranfabrik, das Ohnsorg-Theater bodenständiges Volkstheater auf Platt. Erfolgsstücke von Alain Ayckborn und anderen britischen Autoren bestimmen den Spielplan des „English Theatre", des einzigen englischsprachigen im Norden.

Die Bürgeroper

1678 eröffnete am Gänsemarkt das erste öffentliche Opernhaus Deutschlands – kein Hoftheater wie anderenorts, sondern ein Werk Kunst liebender Bürger. Händel und Mahler, Telemann und Strawinsky schrieben an der Hamburgischen Staatsoper Musikgeschichte, Placido Domingo begann hier seine internationale Karriere; demnächst will Georges Delnon an die großartige Inszenierungstradition anknüpfen. Altes und Neues, Uraufführungen und Unbequemes sorgen für einen Spielplan, der allabendlich das Publikum an- und aufregt. Wahre Begeisterungsstürme erlebt das Hamburg Ballett. Seit 40 Jahren steht es unter der Leitung von John Neumeier.

Bittere Pille Philharmonie

Eine Finanzspritze des Reeders Carl Heinrich Laeisz ermöglichte 1908 den Bau der neobarocken, üppigen Laeiszhalle, in der 1930 der zwölfjährige „Wundergeiger" Yehudi Menuhin ein umjubeltes Gastspiel gab. Heute ist die Musikhalle Heimat der drei großen Orchester der Stadt, die alte Musik und Avantgarde spannungsreich verbinden. Die Laeiszhalle macht zudem mit einer Konzertreihe das neue städtische Wahrzeichen hörbar: die Elbphilharmonie. Das futuristische Konzerthaus sollte 2010 eröffnen. Doch inzwischen haben

Attraktion des Hamburger Museums für Völkerkunde ist die Sammlung
der 1910 beendeten Hamburger Südsee-Expedition

Architektonisch gehört das Völkerkundemuseum zu den vor 1914 errichteten „Staatsbauten",
die besonders repräsentativ ausgeführt wurden

Im Volksdorfer Museumsdorf wird die Alltagskultur von Bauern und Handwerkern der Walddörfer überliefert

Bauchläden gehören der Vergangenheit an – nicht aber im Freilichtmuseum am Kiekeberg

Auf den ersten Blick scheinen sich Hamburger Museen überwiegend der großen Kultur zu widmen – es gibt aber auch viele Sammlungen zu den kleinen Dingen des Arbeits- und Alltagslebens.

sich nicht nur die Baukosten von ursprünglich 77 Millionen Euro mehr als verzehnfacht. Seit 2015 steht der Bau, wird nur noch innen gewerkelt – für das offizielle Eröffnungskonzert: Am 11. Januar 2017 wird das NDR-Sinfonieorchester unter Leitung von Thomas Hengelbrock das Eröffnungskonzert spielen.

Mehr als kuriose Kabinette

Nicht angestaubt und museal, sondern quicklebendig sind die 300 Museen der Metropolregion Hamburg – 45 davon in der Hansestadt – die bei der „Langen Nacht der Museen" ihre Exponate ganz neu inszenieren und mit einem breit aufgestellten museumspädagogischen Programm schon die Allerkleinsten für ihre Schätze begeistern.

Zwei weltberühmte Museen, Ausstellungsflächen in alten Markthallen, mehrere Kunsthäuser und etliche Galerien bilden die „Hamburger Kunstmeile" zwischen der Binnenalster und den Backsteinen der Speicherstadt, verbinden Meisterwerke des Mittelalters, der Romantik und des Jugendstils mit der Avantgarde von heute. Und hinter den Schienensträngen des Hauptbahnhofs erhebt sich das Museum für Kunst und Gewerbe mit dekorativer Kunst aus allen Epochen und Kulturen – antiker Keramik, Mittelalteraltären, gotischem

Glas, barocken Möbeln, bürgerlicher Wohnkultur. Jüngster Zuwachs und echter Kontrast dazu ist die frühere Kantine des „Spiegel", ein beunruhigend buntes Stück Sixties-Look, das dem Umzug des Hamburger Nachrichtenmagazins erfreulicherweise nicht zum Opfer gefallen ist.

Museumswelt Hafen

Eine zweite Museumsmeile hat sich in der Speicherstadt gebildet, wo der „Dialog im Dunkeln" mit absoluter Dunkelheit Sehende ahnen lässt, wie Blinde das Unsichtbare erkennen, das Zollmuseum die Geheimnisse der Schmuggler lüftet und das Gewürzmuseum einlädt, die Düfte der Welt zu erschnuppern. Der frühere Vorstandsvorsitzende des Axel-Springer-Verlages, Peter Tamm, schenkte der Stadt seine Marinesammlung – auf den zehn Böden des Kaispeichers B bildet sie den Kern des Internationalen Maritimen Museums.

Mit den Barkassen der Maritime Circle Line lässt sich die Spurensuche im Hafen ausdehnen – hin zur BallinStadt, die vom Schicksal der fünf Millionen Auswanderer erzählt, die über Hamburg in die neue Welt aufbrachen, und zum Hafenmuseum im Schuppen 50, wo altgediente Kapitäne, Lotsen und Schauerleute ungeschminkt von ihrer Arbeit im Hafen und auf den Schiffen berichten.

PRIVATE VERANTWORTUNG

Pfeffersäcke und Mäzene

Hamburg ist chronisch klamm. Seine Pracht verdankt es vor allem dem Reichtum und dem Bürgersinn von Privatleuten. Wo der Stadt das Geld fehlt, schließen großzügige Stifter die Finanzlücke – weil sie sich Hamburg zutiefst verbunden fühlen.

Seit seiner Kindheit sammelte der frühere Springerchef Tamm Maritimes – heute als einzigartiges Museum jedermann zugänglich

Mäzenatentum hat in Hamburg Tradition. Bereits im Mittelalter griffen wohlhabende Kaufleute der Stadt unter die Arme – das 1227 gegründete Hospital zum Heiligen Geist ist die älteste Stiftung der Hansestadt. 1678 finanzierten Hamburgs kunstsinnige Kaufleute den Bau der ersten deutschen Bürgeroper; und ohne die Finanzspritzen der als mächtig knausrige Pfeffersäcke verspotteten Hamburger Händler gäbe es heute weder die Laeiszhalle (Musikhalle), das Deutsche Schauspielhaus, die Kunsthalle, die Öffentlichen Bücherhallen, das Literaturhaus oder die Deichtorhallen. Und auch in der Gegenwart wird Mäzenatentum an Elbe und Alster groß geschrieben.

Als besonders spendierfreudig zeigen sich der Hamburger Baulöwe Greve und dessen Ehefrau Hannelore, die in der Hansestadt das weltgrößte Geschäft für englische Möbel betreibt. 1996 schenkte das Ehepaar der Universität Hamburg 35 Millionen Euro für zwei Flügelbauten; 2005 unterstützte es mit seiner Hamburgischen Stiftung für Wissenschaften, Entwicklung und Kultur Helmut und Hannelore Greve den Bau der Elbphilharmonie mit 30 Millionen Euro. Millionenschwerer Mäzen war auch der ehemalige Verleger Gerd Bucerius, der mit seiner Frau Ebelin die „Zeit"-Stiftung gründete und ihr sein gesamtes Vermögen vermachte – zur Jahrtausendwende gründete die Stiftung die elitäre Juristenschmiede „Bucerius Law School", zwei Jahre später das Bucerius-Kunst-Forum. Der ehemalige Vorstandsvorsitzende des Axel-Springer-Verlages, Peter Tamm, machte seine weltweit größte marinehistorische Sammlung Interessierten im Internationalen Maritimen Museum zugänglich. Der Unternehmer Kurt A. Körber ließ die Deichtorhallen renovieren und zum Zentrum für Fotografie und Gegenwartskunst ausbauen, der Getreidegroßhändler Alfred C. Toepfer den Naturschutzpark Lüneburger Heide anlegen, der zum Vorbild für weitere Naturschutzgebiete wurde. Bereits 1931 hatte der 1993 verstorbene „König der Heide", wegen NS-Verstrickungen in die Kritik geraten, die F.V.S.-Stiftung

Die Hamburger Deichtorhallen konnten durch die Zuwendungen des Maschinenfabrikanten Körber 1990 als Forum für Gegenwartskunst und Fotografie eröffnet werden

Die Ausstellungen in den Hamburger Deichtorhallen werden weithin beachtet – „Wunder" beschäftigte sich mit allem, was aus dem Rahmen abendländischer Rationalität fällt (links oben und links unten). Seit 1869 ist das Deutsche Derby in Hamburg-Horn ein zudem modemäßig buntes sommerliches Gesellschaftsereignis – auch dank der Unterstützungen des Hamburger Kaffeerösters Darboven (rechts)

initiiert, die mit ihrem heutigen Vermögen von 200 Millionen Euro großzügig Projekte in den Bereichen Kultur, Wissenschaft, Bildung und Naturschutz weit über Deutschland hinaus unterstützt. Zum Vorbild wurde auch die Volksdorferin Annemarie Dose. Ihre Hamburger Tafel kann seit 1994 dank der Hilfe von 1000 Ehrenamtlichen rund 20 000 Obdachlose und Sozialhilfeempfänger mit der „Überproduktion unserer Gesellschaft" versorgen. Und auch Werner Otto, 2011

102-jährig verstorbener Gründer des gleichnamigen Versandhauses, ging gerne stiften. Mit der Werner-Otto-Stiftung, dem Werner-Otto-Institut und dem Werner-Otto-Haus wird kranken Kindern geholfen. Seine Kinder traten stiftungsmäßig in des Vaters Fußstapfen.

Ein wahrer Stiftungsboom

Menschen wie Greve, Otto und Körber sind kein Einzelfall. Insgesamt 1301 Stiftungen engagierter Hamburger gibt es in der Hansestadt – ein bundesweiter Rekord. Die Wurzeln dafür liegen in der Geschichte. Die Hansestadt ist immer eine Bürgerrepublik gewesen, geprägt von engagierten Menschen. Gab es ein Problem, mussten sie es selber lösen – denn: Wat mut, dat mut, was sein muss, muss sein, wie es so schön auf Niederdeutsch heißt. Zum Stiftungsboom trägt auch die Hamburger Verwaltung bei. Nur in Hamburg gibt es eine eigene Abteilung der Justizbehörde – die Stiftungsaufsicht – die Stifter bereits im Vorfeld berät und unterstützt.

Fakten

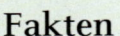

Wer unterstützt was mit welcher Stiftung – die Datenbank der Justizbehörde macht die Stiftungshauptstadt Hamburg transparent (Hamburger Stiftungsdatenbank, www.hamburger-stiftungen.de).

Auch die Deichstraße, eines der
wenigen Beispiele Alt-Hamburgs,
konnte dank privaten Engagements
des Vereins „Rettet die Deichstraße"
und vielen Spenden „überleben"

Die reiche Kultur der Pfeffersäcke

Kunst als Repräsentation von Macht ist den Hanseaten abhold. Kunst könne sich am besten entfalten, wenn Stadt und Kaufmannschaft sich heraushielten, war Jahrhunderte lang die Maxime an der Elbe. Und so waren es Bürger, die Hamburgs kulturellen Reichtum begründeten.

● Theater und Musik

Von Lessing bis Lloyd Webber: Rund zwei Dutzend Bühnen bespielen allabendlich die Bretter, die die Welt bedeuten.

STÄDTISCHE THEATER

Berühmte Intendanten wie Gustav Gründgens und Peter Zadek wirkten am **Deutschen Schauspielhaus** ❶ (1900), mit 1800 Plätzen größtes Sprechtheater Deutschlands. Jeden Monat gibt es eine Premiere – zu erleben im neobarocken Prunk der Großen Bühne, im experimentierfreudigen Malersaal, im Rangfoyer oder in der Kantine des Schauspielhauses (Kirchenallee 39, Tel. 040 24 87 13, www.schauspielhaus.de). Klassiker im neuen Gewand und modernes Regietheater sind Programm im **Thalia-Theater** ❹, unter Boy Gobert, Peter Striebeck, Jürgen Flimm und Ulrich Khuon zu Renommee gelangt (Raboisen 67, Tel. 040 32 81 40, www.thalia-theater.de). Intimer und experimenteller als das Große Haus gibt sich die Altonaer Studiobühne **Thalia in der Gaußstraße** (Gaußstraße 190, Tel. 040 306 03 90, www.thalia-theater.de). Wo Nagel und Kaemp nach 1875 erst Reismühlen, später Hafenkräne

Bandbreite Hamburger Theaterszene: Kampnagel (links), Deutsches Schauspielhaus (rechts oben) und Schmidts Tivoli (rechts unten)

und Gabelstapler produzierten, hat sich 1986 mit **Kampnagel** ein Kulturzentrum etabliert, berühmt für Theaterfestivals und Avantgard-Tanzaufführungen (Winterhude, Jarrestraße 20, Tel. 040 270 94 90, www.kampnagel.de).

PRIVATE THEATER

Mit Mut zu einem kontroversen, zeitgenössischeren Spielplan hat das **Altonaer Theater** ❿ neue Zuschauer gewonnen (Museumstraße 17, Tel. 040 39 90 58 70, www.altonaer-theater.de). Sein Intendant Axel Schneider ist zugleich Chef der **Hamburger Kammerspiele**, 1945 bis 1989 Wirkungsstätte der Grande Dame des Theaters, Ida Ehre (Rotherbaum, Hartungstraße 9, Tel. 0800 413 34 40, www.hamburger-kammerspiele.de). Beider Inszenierungen bilden den Spielplan für das **Harburger Theater** (Harburg, Museumsplatz 2, Tel. 040 428 71 36 04, www.harburger-theater.de).
Zu den ältesten Kleinbühnen der Hansestadt gehört das **Kellertheater Hamburg**, das seit 1970 mit modernen Klassikern, Komödien, Kriminal- und Kinderstücken, szenischen

Lesungen und Collagen unterhält (Neustadt, Johannes-Brahms-Platz 1, Tel. 040 84 56 52, www.kellertheater.de). Heidi Kabel, Heidi Mahler und Henry Vahl haben das **Ohnsorg-Theater** ❶ berühmt gemacht, das mit niederdeutschen Volksstücken und poppigen Revuen auf Plattdeutsch unterhält (Hachmannplatz, Tel. 040 350 80 30, www.ohnsorg.de). Das **Monsun Theater** wurde bereits für Eigenproduktionen mit dem Rolf-Mares-Preis ausgezeichnet (Ottensen, Friedensallee 20, Tel. 0180 504 03 00, www.monsuntheater.de). Das **Ernst-Deutsch-Theater** hat sich als Bühne von jungen Autoren und Gegenwartsstücken profiliert (Friedrich-Schütter-Platz 1, Tel. 040 22 70 14 20, www.ernst-deutsch-theater.de). Leichte Kost präsentiert die **Komödie Winterhuder Fährhaus** (Winterhude, Hudtwalckerstraße 13, Tel. 040 48 06 80 80, www.komoedie-hamburg.de). Europas einzige seetaugliche **Schiffsbühne** zeigt auf kleinstem Raum großes Theater – satirisch, frech oder humorvoll; unterschiedlich wie das Programm sind auch die Schauspieler auf der 7 m entfernten Bühne

Tipp

Theaterspaß für Kinder

Kasperltheater, Mitmachstücke, Kinderopern oder Märchenklassiker: Acht Bühnen haben sich auf Kindertheater spezialisiert. Ältestes ist das **Theater für Kinder** (Altona, Max- Brauer-Allee 76, Tel. 040 38 25 38, www.theater-fuer-kinder.de). Figurentheater ab drei zeigen das **Fundus-Theater** (Eilbek, Hasselbrookstraße 25, Tel. 040 250 72 70, www.fundus-theater.de) und das **Hamburger Puppentheater** (Bramfeld, Bramfelder Straße 9, Tel. 040 511 31 16, www.hamburgerpuppentheater.de).

(Das Schiff, Altstadt, Holzbrücke 2, Anleger Nikolaifleet, Tel. 040 69 65 05 60, www.theater schiff.de). Mit politisch-satirischem Kabarett unterhält **Alma Hoppes Lustspielhaus** (Eppendorf, Ludolfstraße 53, Tel. 040 55 56 55 56, www. alma hoppe.de). Weitere Theater s. auch S. 103.

OPER UND BALLETT

Seit 2015 hat Stardirigent Kent Nagano die künstlerische Leistung der **Hamburgischen Staatsoper 5** inne, 1678 als erste Bürgeroper Deutschlands gegründet. Bei der **Opera piccola** sitzen Kinder nicht nur im Publikum, sondern wirken bei Aufführungen mit (Große Theaterstraße 25, Tel. 040 35 68 68, www.hamburgische-staatsoper.de). Das **Hamburg Ballett** hat sich unter John Neumeier seit 1973 zur international gefeierten Kompanie entwickelt (Große Theaterstraße 25, Tel. 040 35 68 68, www.hamburgballett.de). Klassische Opern in neuem Gewand und teilweise überraschend gelungen gekürzt präsentiert das **Opernloft** (Innenstadt, Fuhlentwiete 7, Tel. 040 25 49 10 40, www.opernloft.de). Selten gespielte Kammeropern aus dem 16. bis 19. Jh. bringt das **Allee-Theater** zur Aufführung (Altona, Max-Brauer-Allee 76, Tel. 040 38 29 59, www.alleetheater.de).

OPERETTE UND MUSICAL

Mit Hafenfähren und Schiffsshuttle geht es zum **Theater im Hafen 9**, wo sich allabendlich der Vorhang zu Disneys „König der Löwen" hebt, und zum benachbarten **Theater an der Elbe,** seit 2014 Heimat des Fußballmusicals „Das Wunder von Bern" (Norderelbstraße 6 bzw. Rohrweg 13, Tel. 01805 44 44 14, www. stage-entertainment.de). Ein zweites Disneymusical – „Aladdin" – wird in der **Neuen Flora 11** gegeben (Stresemannstraße 159a, Tel. 01805 44 44 14, www.stage-entertainment.de). Im **Operettenhaus 8** begeistert die Phantom-Fortsetzung „Liebe stirbt nie" (Spielbudenplatz 1, Tel. 01805 44 44 14, www.stage-entertainment.de). Musicals aus eigener Produktion zeigt der **Delphi Showpalast** (Eimsbüttel,

In der Hamburger Staatsoper (links). Die Galerie der Gegenwart lässt sich vielseitig nutzen (rechts)

Eimsbütteler Chaussee 5, Tel. 040 431 86 00, www.delphi-showpalast-hamburg.de). Hamburgs ältestes Privattheater für leichte Muse ist der **Engelsaal** mit Operetten und Musikrevuen (Neustadt, Valentinskamp 40, Tel. 040 319 74 76 99, www.engelsaal.de).

KONZERTE

Das **Philharmonische Staatsorchester** (www.philharmoniker-hamburg.de) unter Leitung von Kent Nagano begleitet Opern- und Ballettproduktionen und konzertiert in der **Laeiszhalle 6** (Johannes-Brahms-Platz 1, Tel. 040 34 69 20). Dort werden auch die „Hamburg-Proms Last Night"-Konzerte der **KlassikPhilharmonie Hamburg** veranstaltet (www.klassik philharmonie.de). Einen Vorgeschmack auf den neuen Konzertsaal geben die **Elbphilharmonie-Konzerte** an diversen Spielstätten (Tel. 040 35 76 66 66, www.elbphilharmonie.de).

● Museen & Galerien

45 Museen in der Stadt und 300 Sammlungen in der Metropolregion bergen Schätze. Sparfüchse kaufen den „Kunstmeile Hamburg Pass" (www.kunstmeile-hamburg.de), der Eintritte der Häuser entlang der Kunstmeile vom Hauptbahnhof bis zum Hafen abdeckt.

KUNSTMEILE HAMBURG

Max Liebermann, Caspar David Friedrich und Philipp Otto Runge: Die **TOPZIEL** Hamburger **Kunsthalle 3** ist für die Sammlung deutscher Malerei des 19. Jh. berühmt. Renommiert sind auch die Sammlung mittelalterlicher Altäre der Meister Bertram und Francke, Kupferstich- und Münzkabinett. Im weißen Kubus von Oswald Mathias Ungers präsentiert die **Galerie der Gegenwart** (1997) internationale Kunst seit 1960 – von der Pop Art bis heute. Eine Empfehlung ist auch das museumseigene „Café Liebermann" (Glockengießerwall, Tel. 040 428 13 12 00, www.hamburger-kunsthalle. de; Di.–So. 10.00 bis 18.00, Do. bis 21.00 Uhr).

Das **Museum für Kunst und Gewerbe 2** besitzt eine der größten Jugendstilsammlungen

der Welt. Weitere Abteilungen reflektieren die Antike als Wurzel europäischer Kultur, zeigen Kulturschätze aus Ostasien und dem Islam und laden ein, im Japanischen Teehaus an einer traditionellen Teezeremonie mit Geisha teilzunehmen (So. 13.00, 14.00 und 15.00 Uhr). Herrlich nostalgisch ist das Museumsbistro „Destille" (Steintorplatz 1, Tel. 040 428 13 48 80, www. mkg-hamburg.de; Di.–So. 11.00–18.00, Do. bis 21.00 Uhr).

Hamburger Künstler sind im **Kunsthaus Hamburg** zu betrachten (Altstadt, Klosterwall 15, Tel. 040 33 58 03, www.kunsthaushamburg.de; Di.–So. 11.00–18.00 Uhr). Werke der klassischen Moderne und der Gegenwart zeigt der **Kunstverein** (Altstadt, Klosterwall 23, Tel. 040 40 32 21 57, www.kunstverein.de; Di.–So. 12.00 bis 18.00 Uhr). Die **Deichtorhallen** residieren in zwei ehem. Markthallen (1911–1914) – die nördl. Halle zeigt aktuelle Kunst, die südl. birgt das Haus der Photographie (Altstadt, Deichtorstraße 1, Tel. 040 32 10 30, www.deichtorhallen. de; Di.–Sa. 11.00–18.00 Uhr).

WEITERE MUSEEN

Ein umfangreiches Programm begleitet die jährlich vier Kunstausstellungen von der Antike bis zur klassischen Moderne des **Bucerius Kunst Forums** (Altstadt, Rathausmarkt 2, Tel. 040 360 99 60, www.buceriuskunstforum.de; tgl. 11.00–19.00, Do. bis 21.00 Uhr).

Wie aus der Hammaburg eine Weltstadt wurde, dokumentiert das **TOPZIEL** Hamburg Museum **7** in einem Schumacherbau von 1922 mit u. a. einer begehbaren Kogge, historischen Räumen und Werkstätten (Holstenwall 24, Tel. 040 42 81 32 23 80, www.hamburgmuseum.de; Di. bis Sa. 10.00–17.00, So. 10.00–18.00 Uhr; s. auch Krameramtsstuben S. 41). Als Symbol der Weltoffenheit Hamburgs versteht sich das **Museum für Völkerkunde 12** mit seinen 700 000 Exponaten zur Vielfalt der Völker und Kulturen (Rothenbaumchaussee 64, Tel. 040 428 87 90, www. voelkerkundemuseum.com; Di.–So. 10.00–18.00, Do. bis 21.00 Uhr).

In den ehem. Gebäuden (1872–1922) der New York-Hamburger Gummi-Waaren Compagnie bewahrt das **Museum der Arbeit** Zeugnisse der Arbeit und des Arbeitsalltags im Industriezeitalter (Barmbek, Wiesendamm 3, Tel. 040 428 13 30, www.museum-der-arbeit.de; Mo. 13.00–21.00, Di.–Sa. 10.00–17.00, So. 10.00 bis 18.00 Uhr). Sa., So. und Fei. schippert die historische Motorbarkasse „Aue" vom Jungfernstieg zum Museum der Arbeit (www.alstertouristik.de/museum).

Altona war Jahrhunderte lang die größte dänische Stadt nach Kopenhagen. Sammlungsschwerpunkte des **Altonaer Museums** ⑩ sind daher die bis 1866 dänischen Gebiete in Schleswig-Holstein und an der Niederelbe (Museumstraße 23, Tel. 040 42 81 35 35 82, www.altonaermuseum.de; Di.–So. 10.00 bis 17.00 Uhr). Zum Museum gehören das bäuerliche **Vierländer Freilichtmuseum Rieck Haus** in Curslack (Curslacker Deich 284, Tel. 040 723 12 23, www.rieckhaus.org; April bis Sept. Di.–So. 10.00–17.00, sonst Di.–So. 10.00 bis 16.00 Uhr) und das **Jenischhaus** als Museum großbürgerlicher Wohnkultur (Baron-Voght-Straße 50, Tel. 040 82 87 90, www.jenisch-haus.de; Di.–So. 11.00–18.00 Uhr). Benachbart im Jenischpark gelegen, zeigt das 1961 von Werner Kallmorgen errichtete **Barlach-Haus** Werke des expressionistischen Bildhauers, Zeichners und Schriftstellers Ernst Barlach (1870–1938) sowie Wechselausstellungen (Tel. 040 82 60 85, www.barlach-haus.de, Di.–So. 11.00–18.00 Uhr).

Weitere Museen in der **Innenstadt** s. S. 41, in der **Speicherstadt** und im **Hafen** s. S. 56 und 57, Museen in **Harburg und Umgebung** s. S. 72 und 73, in **Bergedorf** s. S. 89, Panoptikum s. S. 102.

GALERIEN

Strömungen der aktuellen Kunst zeigen in Hamburg rund vier Dutzend Galerien (www.galerien-in-hamburg.de). Besonders kunstsinnig zeigt sich neben der **Fleetinsel** (s. S. 41) das Kontorhausviertel in der Innenstadt, wo sich mit **White Trash Contemporary** (Neue Burg 2), **Robert Morat** (Kleine Reichenstraße 1), **Pop ArtPirat** (Springeltwiete 2), **Melike Bilir** (Admiralitätstraße 71, Hinterhaus) und **Borchardt** (Hopfensack 19) einige der eindrucksvollen Galerien der Stadt angesiedelt haben. Ein zweites Kunstviertel ist Eppendorf mit der **Levy Galerie** (Osterfeldstraße 6), die zu den renommiertesten Kunsthandlungen Hamburgs gehört – Werke von Stars wie Meret Oppenheim, Marc Lüders, Antonio de Felipe und Allen Jones sind hier zu sehen. **Gabriele von Loeper** (Eppendorfer Landstraße 44) hat neben deutschen Künstlern nach 1945 auch dänische Maler wie CoBrA-Künstler Asger Jorn im Bestand. In Altona zeigt Carmen Oberst in ihrem **Photo.Kunst.Raum** (Friedensallee 26) durch Mehrfachbelichtungen, Montagen und photochemisch faszinierend verfremdete Motive, in der Galerie **Hilaneh von Kories** (Stresemannstraße 384a) sind große Namen der zeitgenössischen Fotografie ausgestellt, der U.Fo Kunstraum des **Projekthauses** (Bahrenfelder Straße 322) gibt genreübergreifender Gegenwartskunst einen Raum.

Genießen   Erleben   Erfahren

DuMont
Aktiv

Auftanken im Orient

„Huzur" nennen die Türken das tiefe Gefühl gelassener Ruhe, des Glücklichseins im Einklang mit sich selbst. Der Weg dorthin führt über „Das Hamam in Hamburg", die Badeoase von Selma Yöndem-Ekinci.

Das Besondere der 800 Jahre alten Badezeremonie vom Bosporus beginnt bereits im Camekan, dem Umkleideraum, wo das karierte Baumwolltuch Pestembal um den Körper gewickelt wird. Im schwülheißen Hararet wird danach mit Wasser aus einer Messingschale (Tas) Staub und Stress einfach weggespült, ehe beim Schwitzen auf einem warmen Marmorstein (Göbektasi) rund 20 Minuten lang alle Schlackenstoffe herausgeschwemmt werden – den Schweiß spülen weitere Wassergüsse weg. Wärme und Wassergüsse öffnen die Poren, verbessern die Hautatmung und helfen dem Körper beim nun folgenden Großputz: Die Badefrau (Nadir) oder der Bademeister (Tellak) rubbelt mit einem Peelinghandschuh (Keze) den Körper von Kopf bis Fuß gründlich ab – das durchblutet nicht nur das Bindegewebe, sondern macht auch herrlich weiche Haut.

Danach wird mit warmem Wasser aus der Messingschale (das Tuch bleibt angelegt) die alte Haut weggespült. Nun rührt die Badefrau mit Kernseife im Stoffbeutel luftigen Seifenschaum, der den Körper streichelt, ehe die kräftigen Massagegriffe der Badefee Träumereien unterbrechen. Mit geübter Hand löst sie Verspannungen, streckt und dehnt, zupft, quetscht und klatscht, bis völlige Entspannung durch den Körper strömt. Eingekuschelt in den Bademantel, geht es im Ruheraum (Sogukluk) bei einem heißen Granatapfeltee langsam zurück in die Wirklichkeit.

Weitere Informationen

Das Hamam in Hamburg, Schanzenviertel, Feldstraße 39, Tel. 040 41 35 91 12, www.das-hamam.de (wichtig: nur mit vorheriger Terminreservierung)

Für den hanseatisch-türkischen Badetrip werden benötigt: Bikinislip oder Badehose, zwei Handtücher, Badeschuhe – und zwei bis drei Stunden Zeit.

Beim Hamburg Triathlon: Startblock am Jungfernstieg (links). Und beim größten Volksfest weit und breit – übrigens, in Hamburg geht man auf den „Dom"

Service

Eine Hamburg-Reise kann doch kein Problem sein, oder? Trotzdem, einige Hinweise und Reisetipps sind oftmals hilfreich – und hier sind sie:

Anreise

Mit dem Auto: Hamburg ist über die Autobahnen A 7 (Nord-/Südtangente), A 1 (Bremen–Lübeck) und A 24 (Hamburg–Berlin) bequem und schnell zu erreichen. Ein neuralgischer Punkt ist jedoch der Elbtunnel, der auf der A 7 auch durch noch Jahre während Bauarbeiten in Stoßzeiten wie Berufsverkehr oder Ferienbeginn/-ende für Staus sorgt. Wer mit dem Wagen in die Innenstadt fährt, wird über ein dynamisches Park-Leitsystem zu einem der 26 Parkhäuser geführt. Preiswerter ist Park & Ride: an der U- und S-Bahn-Station kostenlos parken und mit dem Zug ins Zentrum fahren.

Mit der Bahn: Mit den vier Fernbahnhöfen Hamburg-Hauptbahnhof, Dammtor, Altona und Harburg, integriert in das InterCityExpress- (ICE) sowie InterCity-Netz (IC), ist Hamburg hervorragend in das Schienennetz eingebunden. Die Fernbahnhöfe sind zugleich zentrale Umsteigepunkte im öffentlichen Nahverkehr. Attraktiv sind die Angebote der Hamburg-Tourismus GmbH, die bei drei Hotelübernachtungen die Bahnanreise einschließen.

Mit dem Bus: Der Zentrale Omnibusbahnhof (ZOB) beim Hauptbahnhof ist Drehscheibe der Regional- und Fernbuchlinien wie MeinFernbus, Postbus, Autokraft oder Eurolines. Der Berlin-Bus fährt von hier tgl. in die Hauptstadt.

Mit dem Flugzeug: Hamburg Airport wird von 60 Gesellschaften aus 125 Zielen direkt angeflogen. Auch Billigflieger wie easyjet und TUIfly landen in Hamburg.

Mit dem Schiff: Hamburg ist eine boomende Kreuzfahrtadresse; die Schiffe legen an den Hamburg Cruise Centers HafenCity, Altona und Steinwerder an. Der „Halunder Jet" (www.helgoline.de) verkehrt von April bis Okt. zwischen Helgoland, Cuxhaven, Wedel und den Hamburger Landungsbrücken.

Auskunft

Hamburg Tourismus Gesellschaft, Steinstraße 7, 20095 Hamburg, Service Center, Tel. 040 30 05 13 00, www.hamburg-tourism.de und http://hamburg-ahoi.com; Mo.–Sa. 9.00 bis 19.00 Uhr

Tourist–Informationen im Hauptbahnhof (Wandelhalle, Ausgang Kirchenallee; Mo.–Sa. 9.00–19.00, So. 10.00–18.00 Uhr), CCH/Dammtorbahnhof (Dag-Hammarskjöld-Platz; Mo.–Fr. 8.00–19.45, Sa. 10.00–16.00 Uhr), Flughafen (Airport Plaza, zwischen Terminal 1 und 2, tgl. 6.00–23.00 Uhr), Hafen (St. Pauli Landungsbrücken, zwischen Brücke 4 und 5; So.–Mi. 9.00–18.00, Do.–Sa. 9.00–19.00 Uhr).

Den **digitalen Stadtführer** von Hamburg Tourismus gibt es kostenlos als Smart-Phone App, als SMS-Link oder als Download auf den PC – die Daten müssen dann per Bluetooth oder Kabel auf das Mobiltelefon übertragen werden.

Boots- und Schiffsfahrten

Weiße Alsterflotte: Von April bis Anf. Okt. schippern die Alsterfähren zwischen 10.15 und 17.15 Uhr im Stundentakt zwischen Jungfernstieg und Winterhuder Fährhaus kreuz und quer über die Alster und halten unterwegs an den Anlegern Atlantic/Volksfürsorge/Royal Méridien, Rabenstraße, Uhlenhorster Fährhaus, Fährdamm, Mühlenkamp, Krugkoppelbrücke und Streekbrücke. Angeboten wird zudem eine Vielzahl von Touren: Alsterrundfahrten und winterliche Punschfahrten, Fleetfahrten, Kanal- und Theaterfahrten zum Winterhuder Fährhaus, Vierlandefahrten nach Bergedorf sowie Dämmertörns, im Sept. auch durch die beleuchtete Speicherstadt (Alstertouristik ATG, Tel. 040 357 42 40, www.alstertouristik.de; Fahrkarten am Anleger Jungfernstieg sowie online).

Hafenrundfahrten: Am Baumwall und an den St. Pauli Landungsbrücken konkurrieren Barkassen, Fährschiffe und zwei Raddampfer-Repliken, deren Hafenrundfahrten in meist einer Stunde die Höhepunkte des größten deutschen Hafens zeigen – abhängig von der Tide und vom Tagesgeschehen. Die großen, komfortablen Fahrgastschiffe haben allesamt Gastronomie an Bord und bieten vom Oberdeck eine bessere Übersicht, die flachen Barkassen jedoch sind wendiger, fahren dichter an die großen Pötte heran sowie in die Seitenarme und die Speicherstadt. Zum Osterfeuer am Elbstrand und zur Ein- und Auslaufparade des Hafengeburtstags werden Sonderfahrten angeboten (Rainer Abicht, Tel. 040 31 36 07, www.abicht.de; Barkassen Ehlers, Tel. 040 319 91 61 70, www.barkassen-centrale.de; Barkassen Meyer, Tel. 040 317 73 70, www.barkassen-meyer.de; HADAG, Tel. 040 311 70 70, www.hadag.de; Kapitän Prüsse, Tel. 040

31 31 30, www.kapitaen-pruesse.de; Statt-reisen, Tel. 040 87 08 01 00, www.stattreisen-hamburg.de).

Günstig lässt sich Hafenatmosphäre an Bord der HADAG-Hafenfähren schnuppern (www.hadag.de, www. hvv.de), die im Netz des Hamburger Verkehrsverbundes verkehren. Beliebt für eine maritime Schnuppertour ist Linie 62, vom Sandtorhöft in der HafenCity vorbei an den Docks von Blohm + Voss und dem Fischereihafen Altona bis nach Finkenwerder. Die Barkassen der Maritime Circle Line (www.maritime-circle-line.de) schippern von den St. Pauli Landungsbrücken zur BallinStadt mit Stopps beim Hafenmuseum und im Traditionsschiffhafen der HafenCity.

Bootsverleih: Die Alsterkanäle, die Bille, Gose-Elbe und Dove-Elbe im Osten Hamburgs sind beliebte Paddelreviere – bei Dornheim (Kaemmererufer 25, Tel. 040 279 41 84, www.boots vermietung-dornheim.de) werden neben Tret- und Ruderbooten, Kanu und Kajak auch venezianische Gondeln vermietet! Eisgekühlte Getränke, Picknickkörbe, Sushi oder Sandwiches gibt es beim Goldfisch zum Boot (Isekai 1, Tel. 040 41 35 75 75, www.goldfisch.de). Zum Paddeln auf der Bille lädt das Bootshaus Bergedorf (Schillerufer 41, Tel. 040 644 40 07). Elektroboote für die Dove-Elbe gibt es bei Duba-Elektro (Curslacker Brückendamm 13, Tel. 040 723 34 35). Europas größte Flussinsel Wilhelmsburg lässt sich vom Anleger Ernst-August-Kanal aus (Vogelhüttendeich 123, Tel. 040 86 68 77 81) von der Wasserseite entdecken.

Wer einen Segelschein besitzt (Sportboot Binnen), kann auf der Außenalster eine Jolle oder einen Katamaran mieten (Bodo's Bootssteg, Harvestehuder Weg 16, Tel. 040 44 06 54; Alfred Seebeck, An der Alster 67a, Tel. 040 24 76 52; Bootsverleih Stute, Schöne Aussicht 20a, Tel. 040 22 69 86 57; Bobby Reich, Fernsicht 2, Tel. 040 48 78 24).

Ausflugsfahrten: Mit Tempo 36 (Knoten) verbindet der „Halunder Jet" (www.helgoline.de; April–Okt.) Hamburg, Wedel und Cuxhaven mit der Hochseeinsel Helgoland. Von April bis Sept. geht es mit HADAG-Dampfern (www.hadag.de) ins Alte Land. Stationen sind Neumühlen, Teufelsbrück, Blankenese, Wittenbergen-Strand und die Schiffsbegrüßungsanlage Willkommhöft von Schulau, bevor es über die Elbe nach Lühe und weiter nach Stadersand geht. Fahrräder werden an Bord mitgenommen.

Essen und Trinken

Als erste Adresse für echte Hamburger Küche rühmt sich der „Old Commercial Room" gegenüber vom Michel, wo Traditionsgerichte auf der Karte stehen. „Ut de Koek", aus der Küche, kommt dort manches Gericht, dessen Zutaten Skepsis hervorrufen können. Und das doch schmeckt – wie **Labskaus**. Hering und Rind, Kartoffeln und Rote Beete werden dafür so lange zusammengestampft und aufgekocht, bis ein hellroter, sämiger Brei entstanden ist. Darauf ein knusprig gebackenes Spiegelei, garniert mit eingelegter Gurke – so wird der klas-

sische Seemannsschmaus stilgerecht serviert. Ein maritimer Klassiker ist auch der **Hamburger Pannfisch** – gebratenes Fischfilet auf Bratkartoffeln und gestocktem Ei, das mit einer Senfsoße genossen wird. Die **Finkenwerder Scholle** wird mit gebratenen Speckwürfeln angerichtet. Die **Hamburger Aalsuppe** indes enthält keinen Fisch – „aal" bedeutet im Niederdeutschen „alles", und in die Suppe kam hinein, was an Speiseresten vorhanden war – vor allem Gemüse und Backobst. **Birnen, Bohnen und Speck** ist ein Hamburger Eintopfklassiker, der jedoch wie **Schwarzsauer** – eine Blutsuppe mit Schweinefleisch und Pellkartoffeln – zunehmend in Vergessenheit gerät. Tatsächlich aus Hamburg stammt auch der Vorläufer des „Hamburger": **Rundstück warm** – ein aufgeschnittenes Brötchen, bedeckt mit warmem Braten, brauner Soße und etwas Gurke.

Besonders im Sommer beliebt ist **Rote Grütze,** eine Kaltschale aus roten Früchten, mit Vanillesoße oder Sahne genossen. Nur in Hamburg gibt es auch das **Franzbrötchen,** ein süßes Hefebrötchen mit reichlich Butter, Zucker und Zimt, das aus der Hamburger Franzosenzeit stammt – als norddeutsches „Croissant" für Napoleons Soldaten.

Ab dem 14. Jh. an galt Hamburg als „Brauhaus der Hanse" mit bis zu 600 Brauereien vor Ort. Heute bestehen nur noch die 1879 in Altona gegründete **Holsten-Brauerei** (mittlerweile zum Carlsberg-Konzern gehörig) und die **Ratsherrn-Brauerei,** die 2010 nach 15-jähriger Pause im Schanzenviertel den Braubetrieb wieder aufnahm. Vom 13. Jh. an importierte die Hanse französischen Rotwein aus Bordeaux. Der Wein, der in Hamburg bis zur Flaschenreife lagerte, kam als **Rotspon** in den Handel – bis heute wird er auf Senatsempfängen kredenzt.

Info

Geschichte

4.–6. Jh.: Sachsen siedeln sich auf den Geestrücken der Alster an.

810: Karl der Große lässt die „Hammaburg" als Fluchtburg erbauen.

7.5.1189: Gründung des Hamburger Hafens durch die Grafen von Schauenburg. Ein gefälschter Freibrief von Kaiser Friedrich I. Barbarossa gewährt den Hamburgern Handels- und Zollfreiheit.

1321: Beitritt zur Hanse. Mit 600 Betrieben ist Hamburg das Brauhaus der Hanse.

1350: Die Pest wütet und fordert 6000 Tote – bei lediglich 8000 Einw.

1401: Der Seeräuber Klaus Störtebeker wird vor Helgoland gefasst und mit seinen „Vitalienbrüdern" auf dem Grasbrook geköpft.

1529: Johannes Bugenhagen ist Vorreiter der Reformation, Hamburg wird lutherisch.

ab 1569: Als Folge der Gegenreformation ziehen Glaubensflüchtlinge aus den Niederlanden, Spanien und Portugal nach Hamburg.

1558: Eröffnung der Hamburger Börse, die damit eine der ältesten Deutschlands ist.

1616: Bau der Wallanlagen.

1618: Hamburg mit mittlerweile rund 40 000 Einw. wird freie Reichsstadt, aber erst 1769 als solche von Dänemark anerkannt.

1676: Gründung der weltweit ersten Feuerversicherung, der Hamburger Feuerkasse.

1787: Hamburg hat rund 100 000 Einw.

1811–1814: „Franzosenzeit". Hamburg ist Hauptstadt des „Département des Bouches de l'Elbe" (Departement Elbmündung) als Teil des französischen Kaiserreichs.

1815: Hamburg tritt dem Deutschen Bund bei. Beginn der Auswanderung – bis 1934 emigrieren mehr als 5 Mio. Menschen über den Hamburger Hafen in die Neue Welt.

1842: Der Große Brand zerstört die Altstadt fast vollständig.

1867: Hamburg im Norddeutschen Bund.

1871: Hamburg wird Bundesstaat im neu gegründeten Deutschen Reich.

1885: Bau der Speicherstadt.

1888: Einrichtung des Freihafens – zuvor war ganz Hamburg Zollausland.

1892: Cholera-Epidemie mit 8600 Toten.

1910: Hamburg ist Millionenstadt.

1912: Eröffnung der Hamburger Hochbahn (U-Bahn).

1937: Groß-Hamburg-Gesetz. Altona, Wandsbek, Bergedorf und Harburg-Wilhelmsburg kommen zu Hamburg; Hamburg verliert Cuxhaven an die preußische Provinz Hannover.

1940–1944: Zweiter Weltkrieg. 213 Luftangriffe der Alliierten zerstören Hamburg und seinen Hafen zu 80 Prozent. Hamburger Feuersturm („Operation Gomorrha") vorwiegend durch britische Bomber vom 25. Juli bis 3. Aug. 1943.

16./17.2.1962: Bei der Flutkatastrophe sterben 315 Menschen.

1974: Einweihung von Köhlbrandbrücke und Neuem Elbtunnel.

1996: Hamburg wird Sitz des Internationalen Seegerichtshofs.

2001: Nach 44 Jahren sozialdemokratischer Führung übernimmt die CDU die Regierung, ab 2008 regiert „schwarz-grün".

2002: Inbetriebnahme des Containerterminals Altenwerder.

2003: Baubeginn der HafenCity. 2025 soll der neue Stadtteil fertig bebaut sein.

2010: Rücktritt des Bürgermeisters Ole von Beust. Olaf Scholz (SPD) erringt die absolute Mehrheit, Hamburg ist wieder „rot".

2011: Umwelthauptstadt Europas.

2015: Bei der Abstimmung über die Bewerbung zu den Olympischen Sommerspielen 2024 siegen die Olympiagegner.

2017: Am 11. Januar will Hamburg die Eröffnung der Elbphilharmonie feiern.

Notdienst

Polizei: Tel. 110
Feuerwehr/Rettungsdienst: Tel. 112
Ärztlicher Notdienst: Tel. 040 22 80 22; Notfallpraxis Altona, Stresemannstraße 54, Notfallpraxis Farmsen, Berner Heerweg 124
Kinderärztlicher Notdienst: Altonaer Kinderkrankenhaus Bleickenallee 38, Ottensen, Tel. 040 88 90 80
Zahnärztlicher Notdienst: Tel. 0180 505 05 18, www.zahnaerzte-hh.de
Apotheken-Notdienst: Tel. 040 22 80 22, www. apothekerkammer-hamburg.de

Öffentlicher Nahverkehr

Der 1965 gegründete Hamburger Verkehrsverbund (HVV, www.hvv.de) ist der älteste der Welt. Er umfasst 27 Schnell- und Regionalbahnlinien, 649 Buslinien sowie sechs Fährlinien im Hafen und auf der Elbe und bedient mehr als das in diesem DuMont Bildatlas behandelte Gebiet. U- und S-Bahnen verkehren werktags von zirka 5.00 Uhr früh bis 1.00 Uhr nachts, in der bahnfreien Zeit sind Nachtbusse im Einsatz. Am Wochenende fahren die Schnellbahnen und die wichtigsten Buslinien im Stadtgebiet von Hamburg rund um die Uhr.
Das Tarifgebiet ist in fünf Ringe geteilt, die Ringe wiederum in Zonen – sie bestimmen den Fahrpreis. Fahrkarten gibt es am Automaten und beim Fahrer im Bus als Einzel- oder Tages-

Tipp

Hamburg CARD

. . . .

Freie Fahrt im Nahverkehr und Ermäßigungen bei 150 Angeboten: Die Hamburg CARD verbindet die kostenlose Nutzung von Bus, Bahn und Hafenfähre im HVV-Großbereich mit bis zu 40 % Rabatt bei Hafen-, Alster- und Stadtrundfahrten, Sehenswürdigkeiten und Museen, bei Musicals und Theater (Abendkasse), Restaurants und Parkhäusern.

INFORMATION

Einzelkarte (1 Erw. mit bis zu drei Kindern unter 15 Jahre): Tageskarte 9,90 €, 2-Tage-Karte 18,50 €, 3-Tage-Karte 24,50 €, 4-Tage-Karte 32,50 €, 5-Tage-Karte 40,50 €. Es gibt auch Gruppenkarten (für max 5 Pers.) und die Hamburg CARD plus, die das Hamburger Umland einschließt. Informationen und Kauf online unter www.hamburg-tourism.de und bei den Tourist Informationen. Erhältlich außerdem an HVV-Fahrkartenautomaten und in Bussen, vielen Hotels, Pensionen, Jugendherbergen und Campingplätzen.

karte für den Großbereich oder das Gesamtnetz. Die Fahrkarten sind ab Kauf gültig und müssen nicht mehr entwertet werden; Mehrfahrtenkarten zum Abstempeln gibt es nicht. Oft lohnt sich schon bei einer Hin- und Rückfahrt der Kauf einer Tageskarte.

Restaurants

Hamburg bietet in unzähligen Restaurants die ganze Welt. Nachfolgend eine kleine Auswahl:

Gourmet-Küche

€ € € € Le Canard Nouveau, Elbchaussee 139, Tel. 040 88 12 95 31. Wie ein Dampfer hängt am Hang das Sternelokal von Ali Güngörmüs, der seine gradlinige Küche gerne türkisch verfeinert: mit weißen Bohnen, Kichererbsen, Fenchel, Minze und Ingwer zu Lamm und Heilbutt hoch über der Elbe.
€ € € € Landhaus Scherrer, Elbchaussee 130, Altona, Tel. 040 883 07 00 30, www.landhausscherrer.de. Vierländer Ente ist das Markenzeichen von Heinz O. Wehmann, der seit 1981 mit sternegekrönter Regionalküche beglückt.
€ € € € Piment, Lehmweg 29, Eppendorf, Tel. 040 42 93 77 88, www.restaurant-piment.de. Wahabi Nouri, 2010 für Michelin bester Koch, überzeugt in seinem winzigen, stets proppenvollen Lokal mit klassisch-französischer Küche.
€ € € € Seven Seas, Süllbergsterrasse 12, Blankenese, Tel. 040 866 25 20, www.suellberg-hamburg.de. Schlemmermenüs zum Sehnsuchtsblick auf die Elbe: Karlheinz Hauser weiß, wie man Seh-Leute begeistert.

Aussichtsreich

€ € € Rive, Van-der-Smissen-Straße 1, Altona, Tel. 040 380 59 19, www.rive.de. Seiner Liebe zur See frönt Fritz Pichler mit topfrischem Fisch, allerbesten Meeresfrüchten und Hafenblick.
€ € €/€ € Carls, Am Kaiserkai 69, HafenCity, Tel. 040 300 32 24 00, www.carls-brasserie.de. Zu Füßen der Elbphilharmonie hat das Hotel Louis C. Jacob einen Ableger eröffnet: eine erstklassige und dabei ganz lässige Brasserie.
€ € €/€ € Ristorante Portonovo, Alsterufer 2, Rotherbaum, Tel. 040 41 35 66 16, www.risto

Preiskategorien

. . . .

€ € € €	Hauptspeisen	über 30 €
€ € €	Hauptspeisen	23 – 30 €
€ €	Hauptspeisen	16 – 22 €
€	Hauptspeisen	unter 15 €

Ideal bei Hamburger „Schmuddelwetter": Kaminzimmer im Hotel „Vier Jahreszeiten"

rante-portonovo.de. Auf der Sommerterrasse, werden italienische Klassiker rund um Pizza, Pasta, Insalata und Involtine serviert.
€ € €/€ € Sagebiels Fährhaus, Blankeneser Hauptstraße 107, Blankenese, Tel. 040 86 15 14, www.sagebiels.com. Heimat oder Fernweh, gutbürgerlich oder chinesisch, ist hier die Frage. Traumhaft: der Elbblick von der mit alten Bäumen bestandenen Terrasse.
€ € €/€ € Strandhotel, Strandweg 13, Blankenese, Tel. 040 86 13 44, www.strandhotel-blankenese.de. Eine Jugendstilvilla am Elbstrand, verwandelt in ein gemütliches Designhotel mit Kaminzimmer und Sommerterrasse.
€ € Bobby Reich, Fernsicht 2, Winterhude, Tel. 040 48 78 24, www.bobbyreich.de. Wo sich die Außenalster zum Alsterlauf verengt, hat Bobby Reich seit 1883 sein Revier – einen Segelsteg samt Restaurant-Café mit deutscher Küche.
€ €/€ Alster-Cliff, Fährdamm 13, Rotherbaum Tel. 040 44 27 19, www.alster-cliff.de. Sehen und gesehen werden ist die Maxime im ehem. Kleinen Fährhaus – tagsüber Café mit leichten Speisen zum Alsterblick und hausgemachtem Kuchen, abends mit Barambiente.

Rundfahrten und -gänge

Stadtrundfahrten: Innenstadt, Hafen und St. Pauli sind Standard bei sämtlichen Stadtrundfahrten, manchmal geht es auch die Außenalster entlang, durch das Szeneviertel St. Georg oder in die Elbvororte: Inhaltlich sind die konkurrierenden **Stadtrundfahrten** sehr ähnlich, äußerlich unterscheiden sie sich in der Farbe der Doppeldecker-Busse (www.hamburg.de/stadt-und-hafenrundfahrten). Die flotten Segways dürfen auf der **Segway-Citytour** nur mit mindestens einem Mofa-Führerschein gefahren werden (Tel. 040 47 11 33 00, www.segway-citytour.de). Wer die Stadt mit dem **Fahrrad** entdecken möchte, hat in Bernd Kaupert einen kundigen Führer (Tel. 040 81 99 22 39, www. hamburg-radtour.de). Architektonische **Wasserspaziergänge** mit dem Kanu veranstalten Stefan Rogge, Tom Thiel und Ulrich Böwing auf dem Eilbek-Kanal, in Wilhelmsburg, im Harburger Binnenhafen, im Spreehafen und auch in Hammerbrook

GRILL →

(Tel. 0176 61 05 90 61, www.fleetfluchten.de).
Stadtrundgänge: Zu Fuß lässt sich die Elbmetropole gut auf geführten Stadtrundgängen
kennenlernen (Buchung aller Führungen: www.
hamburg.de). Das Themenspektrum ist so viel-
fältig wie die Stadt – u.a. eine Krimi-Nacht-
wanderung durch den Hafen, eine historische
Hurenführung, eine Schlemmertour durch die
Speicherstadt oder eine Architekturführung am
Elbufer. Zu den Highlights des Hamburger Kiez
führt Olivia Jones. Die Jogging-Sightseeing-
Spezialistin Gösta Dreise läuft die Highlights
der Stadt ab (Tel. 040 439 87 80, www. tourist
jogging.de).

Sport

Baden: Bäderland Hamburg bietet in seinen
25 Schwimmbädern, Freibädern und Thermen
Wellness, Fitness, Schwimmkurse und Sauna
an (www.baederland.de).
Klettern: Der Berg ruft – drinnen und draußen
im DAV-Kletterzentrum (Dörnstraße 4, Lokstedt,
Tel. 040 60 08 88 66, www.kletterzentrum-ham
burg.de) und am Kilimanschanzo, „Hamburgs
höchsten, schönsten und einzigen öffentlichen
Kletterberg", zwei Fassaden eines Bunkers
(Florapark, Schanzenviertel, Zugang über Julius-
straße oder Schulterblatt neben Roter Flora,
Tel. 040 25 48 54 29, www.kilimanschanzo.de;
offenes Klettern April–Okt. So. 15.00–17.30 Uhr).
Der Hamburger Kletterwald lockt mit mehreren
Parcours durch die Baumwipfel (Meiendorfer
Weg 122, Volksdorf, Tel. 04102 20 09 19, www.
kletterwald-hamburg.com).
Radfahren: Hamburg ist eine Fahrradstadt.
Rund 1800 km misst das Radwegenetz. Das
Kartenset Hamburgs Fahrradrouten, von der
Behörde für Stadtentwicklung und Umwelt
sowie dem Landesbetrieb Geoinformation und
Vermessung herausgegeben, enthält fünf
Karten im Maßstab 1:25 000 mit Routenbe-
schreibungen zu 14 Alltagsrouten, 14 Freizeit-
routen und 5 Radfernwegen sowie Hinweise zu
Bike+Ride-Anlagen und zur Fahrradmitnahme
im Hamburger Verkehrsverbund. Außerhalb
des Berufsverkehrs (Mo.–Fr. 6.00–9.00, 16.00
bis 18.00 Uhr) können Räder kostenlos in
Schnellbahnen, Hafenfähren und einigen Bus-

linien transportiert werden. Günstige Leihräder
gibt es an den 131 Stationen von StadtRAD
Hamburg (s. S. 41). Die Faszination des Hafens
lässt sich auf der 45 km langen Hafenerlebnis-
route (www.hamburg-port-authority.de/hafen
erlebnisroute) genießen. Beim Hamburger Rad-
rennen Cyclassics (www.vattenfall-cyclassics.
de) treten Profis und Amateure in die Pedale.

Unterkunft

Rund 300 000 Hotelbetten verteilen sich auf
etwa 200 Betriebe. Die offiziellen „rack rates"
der Hotels muss man nicht unbedingt zahlen:
Hotelreservierungsportale wie HRS oder die
Buchungsplattform der Hamburg Tourismus
Gesellschaft (www.hamburg-tourism.de) bieten
günstigere Übernachtungspreise und Pau-
schalen an. Nachfolgend eine kleine Auswahl:

Hotels

€ € € € **Atlantic**, An der Alster 72, 20099 Hamburg, Tel. 040 2 88 80, www.kempinski.com/de/
hamburg. Nach umfangreicher Modernisierung
hat das „weiße Schloss an der Alster" seine
fünf Sterne zurückerhalten. 252 Zimmer.
€ € € € **Louis C. Jacob**, Elbchaussee 401,
22609 Hamburg, Tel. 040 82 25 55 10, www.hotel-
jacob.de. Weltoffen und hanseatisch, so emp-
fängt das Traditionshaus seit mehr als 200
Jahren seine Gäste. Die 85 Zimmer sind zeitlos
elegant, die **Küche** von Sternekoch André
Martin ist gradlinig, schnörkellos – und unver-
gleichlich köstlich.
€ € € € **Vier Jahreszeiten**, Neuer Jungfernstieg 9, 20354 Hamburg, Tel. 040 34 94 0, www.
hvj.de. Hamburgs Flaggschiff an der Binnenalster. 156 Zimmer.
€ € € **EAST Hotel**, Simon-von-Utrecht-Straße
31, 20359 Hamburg, Tel. 040 30 99 30, www.

Info

Daten & Fakten

Stadtgebiet: Mit über 755 km² ist Hamburg
fast so groß wie New York City (789 km²).
Höchste Erhebung ist der Hasselbrack
(116 m) in den Harburger Bergen. 17 % des
Stadtgebietes sind Grün- und Erholungs-
flächen oder Wald. Größte Wasserfläche ist
die zur Außen- und Binnenalster aufgestaute
Alster. Die zahlreichen Kanäle, Fleete und
Flüsschen werden von 2500 Brücken überspannt.
Verwaltung und Politik: Hamburg ist als
Stadtstaat ein Bundesland, Landesparlament
ist die Hamburger Bürgerschaft mit 121 Ab-
geordneten. Der Senat bildet die Landes-
regierung mit Erstem und Zweitem Bürger-
meister plus acht Senatoren. Administrativ
besteht Hamburg aus den Verwaltungs-
bezirken Hamburg-Mitte, Altona, Eimsbüttel,
Hamburg-Nord, Wandsbek, Bergedorf und
Harburg, 105 Stadtteilen und 181 Ortsteilen.
Hamburger Enklaven sind die Nordseeinseln
Neuwerk, Nigehörn und Scharhörn sowie der
Nationalpark Hamburgisches Wattenmeer.
Mit 96 Konsulaten und Generalkonsulaten ist
Hamburg einer der größten Konsularplätze
der Welt.
Einwohner: Mit 1,8 Mio. Einw. ist Hamburg
nach Berlin die zweitgrößte deutsche Stadt
und zugleich eine multikulturelle Metropole:
487 000 Migranten (28 %) leben an Elbe und
Alster. Rund 16 % der Bevölkerung sind jünger
als 18 Jahre, 24 % älter als 65 Jahre. Mit
einem Bruttoinlandsprodukt von 55 772 € je
Einw. (Bundesschnitt 20 166 €) und einem
verfügbaren Einkommen von 23 100 € je Einw.
(Bundesschnitt 20 166 €) haben Hanseaten
ein gut gefülltes Portemonnaie. 42 000 Millionäre und 18 Milliardäre leben in Hamburg:
ein bundesdeutscher Rekord.
Wirtschaft: Mit einem Bruttoinlandsprodukt
von mehr als 103,1 Mrd. Euro (2014) hat die

Hamburger Wirtschaft das Krisenjahr 2009
rasch überwunden. Als krisenfest zeigten
sich besonders die Wachstumsbranchen digitale Wirtschaft, Biotechnologie und Medizin-
technik, erneuerbare Energien und Luftfahrt,
die mit Airbus (12 000 Mitarbeiter), Lufthansa
Technik (10 400), Flughafen Hamburg und
rund 300 Zulieferern wichtiger Arbeitgeber
vor Ort ist. Neben Seattle und Toulouse ist
Hamburg drittgrößter Standort der Luftfahrt-
industrie. Langjährige Tradition haben internationale Versicherungen und Banken. Mit
mehr als 440 chinesischen Unternehmen ist
Hamburg Chinas Brückenkopf in Europa und
einer der wichtigsten europäischen Medien-
standorte. Etwa 63 000 Menschen arbeiten
hier in rund 13 000 Betrieben aus Werbung,
PR, Verlag, Druck, Rundfunk, Musik-, Film-
und Fernsehwirtschaft. Jede zweite Zeischrift
kommt aus den Hamburger Großverlagen
Axel Springer, Gruner + Jahr oder Heinrich
Bauer. Tagesschau und Tagesthemen werden
aus Hamburg gesendet. Zentrum der Film-
wirtschaft und Heimat der „Pfefferkörner"
und des „Großstadtreviers" ist Studio Hamburg. Als überdurchschnittlich kreativ gelten
auch Hamburgs rund 3700 Werber – dank
ausgefallener Kampagnen von Branchen-
größen wie Jung von Matt und Scholz &
Friends.
Klima: Das Hamburger Wetter ist besser als
sein Ruf. Durchschnittlich fallen nur 770 mm
Niederschlag im Jahr (München: 967 mm),
und 1557 Sonnenstunden sind mehr, als
Frankfurt oder Leipzig im Jahr zu bieten
haben. Die Tagestemperaturen im Sommer
liegen im Durchschnitt bei angenehmen
22 °C, im Winter bei milden 2 °C. Regen-
ärmste Monate sind April und Mai – dann
werden der HamburgMarathon und viele
Straßenfeste veranstaltet.

SERVICE

east-hamburg.de. Das Haus ist ein Design-kunstwerk.

€ € € Gastwerk, Beim Alten Gaswerk 3, 22761 Hamburg, Tel. 040 89 06 20, www.gastwerk.com. Viersternehaus im ehem. Kohlelager des Hamburger Energieversorgers Hein Gas. 141 Suiten, Zimmer und Lofts.

€ € € Grand Elysée, Rothenbaumchaussee 10, 20148 Hamburg, Tel. 040 41 41 20, www.grand-elysee.com. Grand Hotel mit dem größten Ball-saal der Hansestadt. 511 Zimmer.

€ € € Le Royal Méridien, An der Alster 52, 20099 Hamburg, Tel. 040 21 00 0, www.leroyal meridienhamburg.com. „Art & Tech" ist das Motto des Royal Méridien. Zweites Highlight neben der ausgestellten aktuellen Kunst ist das Le Ciel, **Restaurant und Bar** mit Parade-blick auf die Außenalster. 284 Zimmer.

€ € € Mövenpick Hamburg, Sternschanze 6, 20357 Hamburg, Tel. 040 334 41 10, www.moevenpick-hotels.com. Jahrelang sorgte der Streit um den Wasserturm im Schanzenpark für Schlagzeilen – seit der Hotel-Eröffnung ist Ruhe eingekehrt. 226 Zimmer auf 20 Etagen mit Panoramablick auf die Stadt.

€ € € Steigenberger Hotel Hamburg, Heiligengeistbrücke 4, 20459 Hamburg, Tel. 040 36 80 60, www.steigenberger.com. Zentral zwischen Hafen und Innenstadt am Alsterfleet gelegen. 233 ungewöhnlich große Zimmer.

€ € € The George, Barcastraße 3, 22087

Hamburg, Tel. 040 28 00 30 0, www.thegeorge-hotel.de. Im The George vereint sich die Liebe zu Britannien mit internationalem Design und Lifestyle. 125 Zimmer.

€ € Baseler Hof, Esplanade 11, 20354 Ham-burg, Tel. 040 35 90 60, www.baselerhof.de. Seit über 100 Jahren überzeugt das zentral gele-gene Haus mit einem Mix aus gediegenem Un-derstatement und modernem Flair. 167 Zimmer.

Preiskategorien

€ € € €	Doppelzimmer	über 260 €
€ € €	Doppelzimmer	200–260 €
€ €	Doppelzimmer	130–200 €
€	Doppelzimmer	unter 130 €

Jugendherbergen

Jugendherberge Stintfang, Alfred-Wegener-Weg 5, 20459 Hamburg, Tel. 040 570 15 90, www.jugendherberge.de/jh/hamburg-stintfang. Von der Lage her unschlagbar mit Hafenblick direkt über den St. Pauli Landungsbrücken.

Jugendherberge Horner Rennbahn, Renn-bahnstraße 100, 22111 Hamburg, Tel. 040 570 15 90, www.jugendherberge.de/jh/hamburg-horn. Liegt etwas am Stadtrand im Osten Ham-burgs.

Veranstaltungen

Ein kleiner Ausschnitt aus dem riesigen Ange-bot im Jahreslauf:
Cyclassics: Weltcup-Radrennen für Profis und Amateure (www.vattenfall-cyclassics.de; Aug.).
Deutsches (Galopp-)Derby: auf der Horner Rennbahn (www.galopp-hamburg.de; Juli).
Dom: Volksfest auf dem Heiligengeistfeld (www.hamburg.de; März/April, Aug. und Nov.).
Elbjazz-Festival: im gesamten Hafengebiet (www.elbjazz.de; Mai).
Hafengeburtstag: Volksfest an den Landungs-brücken (www.hamburg.de; Mai).
Hamburger Theaternacht: mit Busshuttle zwischen den 34 Spielstätten (www.hamburger-theaternacht.de; Sept.).
Marathon Hamburg: mit über 12 000 Teilneh-mern von der Reeperbahn über Othmarschen, durch die HafenCity, nach Ohlsdorf und zurück (www.marathon-hamburg.de; April).
Schlager-Move: mit Marianne Rosenberg und Michael Holm (www.schlagermove.de; Juli).
Schleswig-Holstein Musik-Festival: Größtes Klassikfest Nordeuropas (www.shmf. de; Aug.).
Triathlon Hamburg: Weltgrößter mit rund 10 000 Teilnehmern (www.hamburg-triathlon. org; Juli).
Weihnachtsmärkte: u. a. um St. Petri und in Altona (Dez.).

Register

Fette Ziffern verweisen auf
Abbildungen

Impressum

3. Auflage 2016
© DuMont Reiseverlag, Ostfildern

Verlag: DuMont Reiseverlag, Postfach 3151, 73751 Ostfildern, Tel. 0711 45 02-0,
Fax 0711 45 02-1 35, www.dumontreise.de
Geschäftsführer: Dr. Thomas Brinkmann, Dr. Stephanie Mair-Huydts
Programmleitung: Birgit Borowski
Redaktion: Horst Keppler, Hamburg
Text: Hilke Maunder, Hamburg
Exklusiv-Fotografie: Frank Siemers, Hamburg
Titelbild: laif/Barbara Dombrowski
Zusätzliches Bildmaterial: Derbe & Support/Marcus May (S. 37 u.l.), Dumont
Bildarchiv/Toma Babovic (S. 22 r.), DuMont Bildarchiv/Mike Schröder (S.89 o.r.),
Restaurant Engel (S. 85 u.l.), Katharina Hovman/M.A.M. Fabig (S. S. 37 o.r.), Insel-
Pension (S. 23 o.r.), Ladage & Oelke (S. 36, 37 u.r.), laif/Andreas Hub (S. 85 o.l.),
laif/Ralf Brunner (S. 85 o.r.), laif/Gunter Gluecklich (S. 118 l.), laif/Christian Kerber
(S. S. 37 o.l.), laif/Jörg Modrow (S. 18/19, 101 l.), Lindner Park-Hotel Hagenbeck (S.
22 l.), look/H&D Zielske (S. 40 l.), Mauritius Images/Ingo Boelter (S. 8/9, 14/15,
24/25, 39 l., 50 u.), Nippon Hotel/Thomas Nutt (S. 23 u.), Restaurant Op'n Bulln (S.
84), Picture Alliance/chromorange (S. 53 u.), Picture Alliance/Michael Fritscher (S.
71, l., 71 r.), Picture Alliance/Bodo Marks (S. 52), Stricker's Kehr Wieder Spitze (S.
85 u.r.), Hotel Village (S. 23 o.l.)
Grafische Konzeption, Art Direktion: fpm factor product münchen
Layout: Cyclus · Visuelle Kommunikation, Stuttgart
Cover Gestaltung: Neue Gestaltung, Berlin
Kartografie: © MAIRDUMONT GmbH & Co. KG, Ostfildern
Kartografie Lawall (Karten für „Unsere Favoriten")
DuMont Bildarchiv: Marco-Polo-Straße 1, 73760 Ostfildern,
Tel. 0711 45 02-266, Fax 0711 45 02-1006, bildarchiv@mairdumont.com

Für die Richtigkeit der in diesem DuMont Bildatlas angegebenen Daten –
Adressen, Öffnungszeiten, Telefonnummern usw. – kann der Verlag keine
Garantie übernehmen. Nachdruck, auch auszugsweise, nur mit vorheriger
Genehmigung des Verlages. Erscheinungsweise: monatlich.

Anzeigenvermarktung: MAIRDUMONT MEDIA. Tel. 0711 45 02-333,
Fax 0711 4502-10 12, media@mairdumont.com, http://media.mairdumont.com
Vertrieb Zeitschriftenhandel: PARTNER Medienservices GmbH, Postfach
810420, 70521 Stuttgart, Tel. 0711 72 52-212, Fax 0711 72 52-320
Vertrieb Abonnement: Leserservice DuMont Bildatlas,
Zenit Pressevertrieb GmbH, Postfach 810640, 70523 Stuttgart,
Tel. 0711 72 52 265, Fax 0711 72 52 333, dumontreise@
zenit-presse.de
Vertrieb Buchhandel und Einzelhefte: MAIRDUMONT
GmbH & Co. KG, Marco-Polo-Straße 1, 73760 Ostfildern,
Tel. 0711 45 02-0, Fax 0711 45 02-340
Reproduktionen: PPP Pre Print Partner GmbH & Co. KG, Köln
Druck und buchbinderische Verarbeitung:
NEEF + STUMME premium printing GmbH & Co. KG, Wittingen,
Printed in Germany

Dresden
Sächsische Schweiz

Kaleidoskop der Künste
Es sind vor allem die Museen mit ihren Kunstschätzen, die begeistern, wir stellen die interessantesten vor.

Dolce Vita an der Elbe
Zum Einkaufen, Speisen und sich Amüsieren geht's in die Neustadt.

Wein mit Tradition
Mittlerweile kommen edle fruchtige Tropfen aus Sachsen.

Korsika

Strand und Berge
Wir präsentieren Ihnen die Traumstrände der Insel ebenso wie die schönsten Wanderwege.

Asterix auf Korsika …
… persifliert das Leben der Bewohner – oder sind alles nur Klischees?

Echt korsisch
Wo Sie ausgefallene Produkte und originelle Geschäfte finden, wir verraten es.

www.dumontreise.de

Lieferbare Ausgaben